명상 습관

명상 습관

날마다 조금씩, 마음을 돌보는 75가지 연습

PRACTICING MINDFULNESS

매슈 소콜로프 지음 | 김해온 옮김

틔움

마음챙김과 명상이 대중화되면서 생활 속에서 명상을 실천할 수 있는 구체적인 방법을 찾는 이들이 점차 늘고 있다. 기존의 명상 관련 책들은, 이를테면 증거 기반 효과●와 같은 수련의 이유에 초점을 맞추고 있어, 초심자에게 실질적인 도움을 주기에는 한계가 있다. 명상을 배우려는 사람들은 흔들리는 마음을 잡는 구체적인 방법부터 제대로된 명상법까지 대체로 실질적인 방법을 궁금해한다.

　이런 요구 사항이 반영된 몇 권의 명상 지침서가 있기는 하지만 여전히 미흡한 점이 많다(그리고 솔직히 말해 그다지 읽을 마음이 안 든다). 이 책은 내가 사람들과 명상을 함께 하면서 얻은 경험과 전통적인 훈련법을 바탕으로 마음챙김에 보다 쉽게 접근할 수 있는 실용적인 길을 제시한다. 개개인의 성격과 생활 방식에 맞춰 적용할 수 있도록 다양한 방법을 소개하려는 것이다.

● 객관적인 증거를 토대로 하는 효과들 ─ 옮긴이 주.

나는 성인이 되어 처음으로 명상 수업에 참가했을 때 그곳의 사람들이 너무나 편안하게 보여 무척 놀랐다. 당시 열여덟이라는 나이에 약물 중독과 씨름 중이던 나는 삶의 매순간이 스트레스와 혼돈, 고통으로 가득 차 있었다. 하지만 수업 참석자들은 꿈에서나 가능할 법한 일종의 차분한 수용 분위기를 풍기고 있었다. 그 때는 내가 무엇을 원하는지 정확히 알지 못했지만 그 사람들이 느끼는 것과 같은 상태를 나도 느끼고 싶다는 생각 만큼은 분명했다.

그 후로 1년 동안, 나는 명상과 마음챙김 수련에 곤두박질하듯 뛰어들었다. 해당 지역의 명상 모임에 들어가 내가 이제껏 어떤 식으로 아픔과 고통을 스스로 끌어들여 왔는지 깨치기 시작했다. 나 역시 다른 사람들과 마찬가지로 고통스러운 일을 많이 겪었다. 어떤 경험은 내가 자초했고, 어떤 경험은 내가 피할 수 없었다. 내게 처음 찾아온 큰 깨달음은 그런 경험을 대하는 내 '반응'이 경험 자체보다 더 큰 고통을 가져 왔다는 점이다.

시간이 흐르면서 명상은 내 삶에서 아주 중요한 부분이 되었다. 열아홉 살 무렵 약간의 기부만으로 참석할 수 있던 침묵 명상 행사가 남부 캘리포니아에서 열렸다. 나는 열흘 동안 그곳의 지침을 따라 조용히 앉아 있었다. 처음엔 무엇을 어찌해야 할지 몰랐고 준비가 너무 부족했음을 느꼈다. 중간에 그만두고 싶은 생각이 끊임없이 들었다. 몸과 마음이 불편해 내내 고생했다. 힘든 경험이었다.

그러나 행사가 끝났을 때 나는 한 달 뒤로 예정된 다른 행사에 곧바로 등록했다. 한 번도 섬광과 같은 깨우침의 순간을 체험하지는 못했지만 '무언가'가 계속 나를 끌어당겼다. 그 후로 나는 일주일에서 한 달 정도 이어지는 명상 행사에 1년에 몇 번씩 참여했다.

나는 늘 자제력이 부족해서, 명상을 꾸준히 하게 되기까지 꽤나 애먹었다. 그렇게 시간이 지나자 수련의 효과가 일상생활에서 나타나기 시작했다. 물론 화, 불안, 모진 자기비판은 여전했다. 하지만 어느새부터인가 이런 일에 좌절하고 고통스러워하기보다는 그것들을 스스로 인지하면서 인내심 있게 대처하게 되었다. 불쾌한 감정 앞에서도 예전만큼 크게 흔들리지 않았다.

2014년이 되자 캘리포니아주 샌타모니카의 명상 센터 '흐름에 역행하기Against the Stream'에서 몇몇 명상 그룹을 이끌 기회가 찾아왔다. 나는 일요일 그룹에 배정되어 10대 모임을 가르치는 팀의 일원이 되었다.

2015년에는 나를 지도했던 선생님 두 분의 추천으로 서양에서 가장 유명한 명상 센터 '스피릿 록Spirit Rock'에서 프로그램을 하나 맡았다. 그 덕분에 명상 지도자들과 영감을 주고받으며 나만의 수련법도 개발했고, 명상 공동체를 이끈다는 것이 어떤 의미인지 탐구할 수 있었다.

2017년에 나는 명상센터 '원 마인드 다르마One Mind Dharma'를 개원하면서 딱 한 가지 목표를 세웠다. 누구든 안전한 환경에서 다양한 도움을 받으며 내적 체험에 전념할 공간을 만들겠다는 것이었다. 목표의 대부분은 공동체 사람들이 열린 마음으로 정직하게 참여함으로써 달성되어 가고 있으며, 공동체 지도자라는 역할은 나 자신의 수련에도 커다란 원동력이 되었다.

처음 수련을 시작했을 때는 나 자신을 가라앉히는 것이 무엇인지 제대로 파악하지 못했다. 그때까지 내가 살아온 방식으로는 안 되겠다는 점만

어렴풋이 느꼈을 뿐이다. 이전의 나는 생각 하나하나와 씨름하고 내 감정에 저항하면서, 지나간 경험에 집착하고 미래의 계획에 사로잡혀 있었다. 그러면서도 무엇을 바꿔야 하는지 정확히 몰랐지만 이전보다 더 건강하게 사는 길이 반드시 있으리라 확신했다.

나 역시 인간일 따름이다. 일상의 모든 일에 늘 차분하게 대응하지 못한다. 아무 생각 없이 행동하기도 하고 걱정도 많으며 쉽게 좌절한다. 요즘은 나의 경험을 관찰하고 그 반응에 대한 선택권이 나에게 있음을 기억하는 훈련을 하고 있다.

마음챙김을 받아들이기 전에 나는 본능적이고 습관적으로 반응했다. 하지만 자각하는 힘이 커질수록 스쳐 지나가는 생각과 감정에 얽매이는 시간이 줄었다. 힘들 때면 이제는 '일시 중지' 버튼을 누르고 마음을 차분히 가라앉힌 뒤, 자신 있고 편안하게 스트레스 상황에 대처한다. 한마디로 마음챙김 수련 덕분에 나는 '자유 의지'를 되찾았다.

내가 바라는 것은 균형 잡힌 생활을 추구하는 사람에게 이런 연습법을 접하게 하는 것이다. 이제까지 각계각층의 사람들이 불안, 슬픔, 육체적 고통에서 벗어나기 위해 마음챙김에 의지하는 모습을 지켜보았다. 찾는 이유가 무엇이건 사람들의 목표는 예전의 내가 가졌던 것과 같다. 더 건강한 삶의 방식을 찾아 온전한 인간으로 존재하겠다는 목표 말이다.

마음챙김에 처음 입문했을 때 내가 읽은 책, 내가 만난 지도자, 내가 받은 다양한 수업은 좋은 길잡이가 되었다. 이들이 없었다면 꾸준히 훈련하기까지 훨씬 더 오랜 시간이 걸렸을 것이다.

이제 나는 이 책이 당신에게 그런 길잡이가 되기를 바란다. 물론 단기간에 마음챙김의 고수가 되게 해줄 비밀 열쇠는 없다. 스스로 호기심 있게 탐구하고 반성하며 어느 정도는 노력해야 한다.

간단한 지침만 있으면 누구나 좀 더 편안하게 살아갈 잠재력을 발휘할 수 있다. 이 책에 담긴 수련 방법들이 삶의 자유를 찾는 이정표가 되기를 기원한다.

차례

1부
마음챙김 기본 연습

2부
일상생활에서 하는 마음챙김

3부
기분을 다스리는 마음챙김

마음챙김
개론

내가 열네 살 때 아버지는 《틱낫한 명상The Miracle of Mindfulness》이라는 책을 내게 주었다. 당시 나는 조울증과 약물 중독으로 힘겨워했는데, 그 책에는 마음챙김 훈련에 관한 간단한 지침이 담겨 있었고 아버지는 그것이 내게 도움이 되리라고 생각했다. 페이지를 넘기면서 수련법을 살펴보다가 나는 마음챙김 명상의 매력에 금방 끌리는 것을 느꼈다. 각 장을 집중하여 읽으며 마음챙김이라는 개념을 온전히 이해하려고 노력했다. 책을 읽으면서 그 길을 알게는 되었지만, 거기에 소개된 방법을 직접 실행한 적은 없었다. 아는 것만으로 그곳에 담긴 원칙이 마법처럼 내 삶에 저절로 스며드리라 상상했던 것이다. 행동을 통해 책에 언급된 효과를 맛보기 시작한 것은 몇 년이 지난 뒤였다.

그 시간 동안 나는 마음챙김을 생활에 적용하려면 많이 연습이 필요하다는 점을 알았다. 처음에는 누구도 완벽하게 지금 이 순간을 알아차리거나 매 순간에 집중할 수 없다. 먼저 자신이 '무엇을' 하는지, 연습을 '왜' 하는지, 실제로 '어떻게' 연습해야 하는지부터 알아야 한다. 연습 방법을 배우면서 그것들을 일상생활에 최대한 많이 적용해 봐야 한다.

마음챙김에는 행동이 필요하다. 스스로 탐구도 해야 한다.

세계 곳곳에서 불안, 화, 슬픔 그리고 다른 여러 가지 힘든 일에 마음챙김이 유용하다는 사실을 발견하는 사람들이 늘어나고 있다. 이 오래된 수련법은 수천 년 동안 진화해 왔고 이제 그 어느 때보다 접하기가 쉬워졌다. 마음챙김이 무엇인지 또 그것이 뇌에 어떤 영향을 미치는지 나날이 밝혀지고 있다. 마음챙김이 어떻게 삶에 도움이 되는지, 어떻게 시작해야 하는지를 이해하면 깨침과 성장에 필요한 토대를 마련할 수 있다.

'마음챙김'이라는 말은 전에도 들어 보았을 것이다. 잡지 표지에서 보았거나 운동을 하다가 들었거나 아니면 여러 업계의 최고 경영진이 생산성 개선의 도구로 추천했을 수도 있다. 그러나 마음챙김이 대중화되면서 그 말의 의미가 오히려 흐릿해졌다. 사람들은 마음챙김을 권하면서 '현재에 머무르라'고 하지만, 그 의미는 정확하게 무엇일까?

마음챙김을 단순히 '현재에 머무르는' 일로 이해해서는 안 된다. 이것은 마음챙김의 한 가지 측면에 불과하기 때문이다. 현재에 머무르는 것이 중요한 부분이기는 하지만 그것은 시작에 불과하다.

지금 현재 일어나는 것이 어떤 생각이건, 힘든 감정이건, 어려운 일이건, 호흡이건 거기에 주의를 기울이기 위한 첫 번째 단계일 뿐이다. 마음챙김의 정의를 그저 현재에 머무르는 것으로 제한하면 다른 중요한 측면들을 간과하게 된다.

이 책에 실린 연습 방법을 살펴보면 '마음챙김 훈련'과 '명상'이라는 용어가 같은 뜻으로 쓰인 것을 발견하게 된다. 명상을 한 번도 해본 적이 없는 사람이라면, 조용히 앉아 명상을 한다는 생각만으로도 불편한 감정을 느낄 수 있다. 이럴 때 '명상'이라는 말이 '깨어 있는 상태를 위해 전념하는 순간'임을 알면 도움이 된다. 굳이 명상 방석에 앉아서 해야만 하는 것은 아니라는 말이다. 명상은 앉아서도 할 수 있고 설거지를 하면서도 할 수 있다. 마음챙김은 일상의 모든 활동에 적용할 수 있다.

마음챙김을 좀 더 온전하게 설명하면 '명료하게 깨어 지혜롭고 온화한 태도로 현재에 머무르는 것'이라 할 수 있다. 가치 판단을 하거나 화를 내면서는 현재에 주의를 집중할 수 없다.

건강하고 효과적인 마음챙김 연습을 위해서는 몇 가지 행동과 태도와 기술을 익힐 필요가 있다.

마음챙김 연습을 하다 보면 숨어 있던 자신의 장점을 발견하기도 하고, 성장의 여지가 있는 측면을 찾기도 한다. 이런 면을 '성장 지점'이라 부른다. 성장 지점은 누구에게나 있다. 그것을 인정하고 보살피면 성장으로 나아갈 수 있다. 성장 지점이란 삶에서 스트레스와 불편을 줄이는 기회다.

마음챙김의 아홉 가지 측면

당신이 이 책을 읽는 이유는 마음챙김을 알아보기로 결심했기 때문이다. 이제 한 걸음을 내딛은 셈이고, 이는 인정받을 만하다. 잠시 자기 어깨를 도닥여 주자. 마음챙김 수련이 무엇인지 알아가는 여정을 시작하기 전에 앞으로 키워나갈 능력을 살펴보자.

1. 온전히 현재에 머무르기　이것은 마음챙김 명상에서 가장 널리 알려진 기본적인 측면이지만 이를 체화하려면 시간이 걸린다. 연습을 통해 마음이 현재로 되돌아오도록 반복해서 마음을 구슬려야 한다. 연습을 반복하다 보면 점차 자연스럽게 현재에 깨어 있게 된다.

2. 명확하게 보기　자신이 경험하는 바를 알아차린다는 뜻이다. 고통이 일어나면 그것을 고통이라고 알아차린다. 불안이 찾아오면 그것을 불안이

라고 알아차린다. 그 순간의 경험을 또렷하게 보는 지혜를 기르는 것이다.

3. 판단 내려놓기　우리의 마음은 뭔가(느낌이나 생각 등)를 좋거나 나쁘다고, 옳거나 그르다고, 긍정적이거나 부정적이라고 이름 붙인다. 마음챙김 연습에서는 그런 가치 평가를 내려놓아야 한다. 판단이 생겨도 그것을 따를 필요가 없음을 기억하자. 지금 마음에서 일어나는 바를 그대로 받아들이자. 발견한 것을 '좋아하거나' '싫어한다는' 느낌까지 수용한다.

4. 평정심 유지하기　평정심이란 특히 힘들거나 불편한 상황에서 균형 잡힌 상태를 유지하는 능력이다. 어려운 일이라고 해서 쉬운 일을 겪을 때보다 힘과 에너지를 반드시 더 많이 써야 하는 것은 아니다. 내면의 회복력을 길러 힘든 상황에서도 균형을 잃지 않고 안정되게 헤쳐 나가는 법을 터득한다.

5. 모든 것에 자리 허락하기　삶에는 다양한 경험이 뒤따른다. 우리는 어떤 경험은 환영하고 어떤 경험은 내치려 한다. 미국의 승려 아잔 수메도Ajahn Sumedho는 제자들에게 종종 '모든 것에는 자리가 있다'라고 말한다. 마음챙김 수련에서는 어떤 생각도, 어떤 감정도, 어떤 경험도 배제할 필요가 없다. 무엇이 일어나건 주의를 기울이고 불편한 순간이 들어올 자리를 만들자.

6. 초심자의 마음 기르기　뭔가 새로운 것을 배울 때는 이해하려는 열망과 호기심을 갖고 접근하기 마련이다. 하지만 시간이 흐르면서 조금 익숙해지

다 보면 무엇이 어떻게 돌아가는지 자기가 무엇을 하고 있는지 정확히 모른 채 자동 반사적으로 대응한다. 마음챙김을 건강하게 수련하려면 '초심자의 마음'을 길러서 모든 경험과 상황을 마치 처음 마주하듯이 관찰하도록 노력해야 한다. 새로운 가능성에 가슴을 열고 마음이 닫히기 시작할 때 이를 알아차리도록 주의한다.

7. 인내하기　마음챙김과 명상 수련을 탐구하는 사람들은 대부분 특정한 목표를 마음에 품고 있다. 불안을 해소하거나, 일상의 스트레스 요인에 대처하거나, 화를 다스리고 싶어 한다. 목표를 세우는 것은 괜찮지만 참을성이 필요함을 명심하자. 특정한 결과에 목을 매면 오히려 발전이 더뎌진다. 인내하기 위해서는 연습 방법과 자기 자신을 어느 정도 믿어야 한다. 의도를 가슴에 품되 성장에는 시간이 걸린다는 점을 잊지 말자.

8. 친구 사귀기　마음챙김은 자신을 질타하는 것이 아니다. 수련의 핵심은 친절이고, 그것은 '자신'을 친절하게 대하는 데서 시작된다. 자신을 친절하게 대하지 않으면, 일어난 일에 자동 반사적으로 대응하고 사태를 명료하게 보지 못한다. 연습하면서 마주치는 경험에 관대하게 반응한다. 마음을 적이 아닌 친구로 대하자.

9. 자신 존중하기　마음챙김을 시작할 때부터 마음을 다 비우거나, 완벽하게 차분해지거나, 친절의 대가가 될 필요는 없다. 지금 어느 지점에 있든지 거기서 출발하고, 애초에 연습을 하겠다고 결심한 자신을 존중하자. 이것

은 '수련'이지 경주가 아니다. 여기서는 성적을 매기지 않는다. 또한 연습이 잘 안 되더라도 그것이 마음에 무슨 문제가 있음을 의미하는 것은 아니다. 자신에게 솔직해지고, 성장할 공간을 마련하자.

앞으로 나올 연습에는 위에 언급한 자질을 기르기 위한 실질적인 방법이 제시된다. 연습을 하면서 이 아홉 가지 자질을 다시 돌아보고, 어느 측면에 성장의 여지가 있는지를 확인하기 바란다.

침묵 명상 행사에 처음 참석했을 때, 내 마음속에 쉴 새 없이 떠오르는 것이 있었다. 그것은 판단이었다. 매 순간 판단이 일어난다는 점을 이해하고, 판단하는 자신을 판단해서도 안 된다는 사실을 나중에야 알게 되었다.

나를 가르치던 지도자는 친절하고 용서하는 태도로 자신의 마음을 바라보라고 제안했다. 나는 뜻대로 되지 않아 무척 애를 먹었지만 그렇게 하겠다고 다짐했다. 자신을 용서하는 것은 평생 도전해야 할 일이기도 하다. 세월이 흐른 뒤 관대하고 친절하게 마음을 대하는 태도는 내 마음챙김 수련의 핵심이 되었다.

연습하면서 (그리고 살아가면서) 어려운 순간을 마주한다. 그럴 때 몇 가지 방법을 시도하고 나서야 무엇이 가장 효과적인지도 알았다. 열린 태도를 유지하려고 최선을 다하고, 답을 즉각 찾지 못하더라도 잊지 말고 자신을 용서하려고 노력하자. 연습을 계속하다 보면 자신에게 무엇이 필요한지 점점 깊이 이해하게 된다. 언제 초심자의 태도로 돌아가야 하는지, 언제 관대한 태도로 바라봐야 하는지, 언제 균형을 잃고 넘어지려는지 직관적으로 알게 된다.

마음챙김 기반 스트레스 줄이기

마음챙김의 효과를 다룬 최근 연구에 힘입어, 심리 치료에 마음챙김을 더 많이 적용하는 심리학자와 임상의가 늘고 있다. 1970년대 말 매사추세츠 대학교 의료 센터의 존 캐벗진John Kabat-Zinn 교수가 '마음챙김 기반 스트레스 줄이기 Mindfulness-Based Stress Reduction(MBSR)' 프로그램을 고안했다. MBSR은 마음챙김을 기반으로 한 명상과 수련에 현대 과학을 접목한 기법이다. 이는 스트레스를 줄이고 우울과 불안을 완화하며 신체적 고통에 대처하는 방법을 제시한다. 지난 30년 동안 MBSR은 수많은 지도자와 유사한 프로그램을 낳으며 전 세계적으로 인정받고 있다.

1990년대에는 우울증이 재발하지 않도록, 인지 행동 치료Cognitive Behavioral Therapy(CBT)를 발전시킨 마음챙김 기반 인지 치료Mindfulness-Based Cognitive Therapy(MBCT)가 개발되었다. 치료사들은 인지 행동 치료 기법과 마음챙김 기반 기법을 혼합해 사람들이 판단하거나 자기를 비판하거나, 지난 일을 반추할 때 이를 알아차리도록 돕는다.

심리학자와 심리 치료사들은 마음챙김 기반 기법을 적용해 사람들을 돕고 있다. 마음챙김 기반 재발 방지 프로그램은 약물 중독을 돕는 데 사용된다. 마음챙김 중재 프로그램이 외상 후 스트레스 장애(PTSD)를 개선하는 데 효과가 있다는 것도 입증되었다. 또 마음챙김 명상 훈련은 전반적인 정신 건강에도 도움을 준다. 연구 단체들이 늘면서 이러한 기법과 잠재 효과가 더 많이 알려졌다. 그럼에도 이것들은 마음챙김으로 얻을 수 있는 혜택의 극히 일부분에 불과하다.

연구로 밝혀진 효과

나는 10대 시절 한 명상 모임에 참석했다가 사람들이 삶에서 경험한 마음챙김 효과에 관해 하는 이야기를 많이 들었다. 사람들은 공황 발작이 일어났을 때, 화를 다스리려고 할 때, 다른 이들에게 마음을 더 열려고 할 때 마음챙김이 유용했다고 말했다. 모임이 끝난 후 그들과 이야기를 나누면서 나는 그들 눈에서 기쁨과 명료함을 보았다.

그것은 내 인생과 수련에서 하나의 전환점이 되었다. 나는 마음챙김이 만족과 편안함의 원천이라는 사실을 알았다. 그것을 지지해 주는 임상 연구 또한 많이 있다.

마음챙김은 2천 년이 넘는 시간에 걸쳐 전수되어 왔다. 전 세계에서 많은 사람들이 마음챙김의 효과를 발견해 왔다. 지금 우리는 흥미진진한 시대를 살고 있다. 지난 1백 년간 과학 지식이 발전하면서 세계 최고의 두뇌들이 최신 기법을 활용해 마음챙김 명상의 헤아릴 수 없이 많은 이점을 증명하고 있다.

마음챙김의 효과

병원에서도 뇌 영상 기술이나 집중 심리 실험으로 마음챙김을 연구한다. 마음챙김 연구 분야가 상대적으로 새로운 영역이기는 하지만 많은 연구팀은 명상가들이 수세기 동안 언급한 각종 효과의 물리적 증거를 지속적으로 밝혀내고 있다. 여러 연구에 따르면 마음챙김 기반 훈련 프로그램을 고작 몇 주 수련했을 뿐인데도 뇌 활동과 행동에 변화가 생겨, 참가자들이 길게는 1년까지도 긍정적인 효과를 경험했다고 한다.

　이런 연구를 이해하면 애초에 마음챙김을 하려는 동기에 근거가 생기고, 어떤 이점을 얻을 수 있을지 미리 조금이나마 알 수 있다.

스트레스 감소　2010년에 한 연구팀이 지난 10년간 실시한 연구 결과를 분석하여, 마음챙김이 불안과 스트레스를 줄이는 데 효과적이라는 결론을 내렸다. 불안이나 스트레스 장애 진단을 받은 참가자나 그렇지 않은 참가자 모두에게 같은 효과가 있었다.

기억력과 집중력 향상　캘리포니아 대학교에서 실시한 연구에 따르면 마음챙김은 집중 상태를 유지하고 최근에 배운 정보를 더 효과적으로 활용하는 데 도움이 된다. 연구에서 발견된 고무적인 사실은 참가자들이 고작 2주 연습했을 뿐인데도 마음이 훨씬 덜 산만해졌다는 것이다.

신체적 이점　마음챙김이 신체에 주는 영향에 관해 발표된 자료는 많다. 지난 10년간 이뤄진 연구에 따르면 규칙적으로 명상하면 소화 기능이 개선되고, 면역 체계가 강화되고, 혈압이 낮아지고, 건강 회복 속도가 빨라지며, 염증이 줄어드는 효과를 볼 수 있다. 마음챙김이 그저 마음만 돌보는 것은 아니다.

수면의 질 향상　하버드 대학교의 건강 블로그Harvard Health Blog에는 마음챙김이 잠드는 데 또는 잠든 상태를 유지하는 데 도움이 된다는 연구 결과가 나와 있다. 하루 중 언제 하든지 명상은 수면에 도움이 된다.

창의적인 문제 해결   1982년에 실시한 한 연구에서 연구진은 문제를 더 창의적으로 해결하는 데 명상이 도움이 된다는 사실을 발견했다. 마음챙김 훈련을 하면 새로운 방식으로 생각하고, 다른 관점으로 바라보며, 해결책을 더 효과적으로 찾아내게 된다는 말이다. 덤으로 가정생활이나 사회생활, 일상생활에서 받는 스트레스에도 더 잘 대처하게 된다.

외로움 경감   외로움은 건강과 큰 관련이 있다. 캘리포니아 대학교에서 실시한 한 연구에서 8주간 마음챙김 연습을 한 참가자들은 이전보다 외로움을 덜 느꼈다고 한다. 참가자들이 실제로 외톨이인지 친구가 많은지와는 무관했다. 더구나 혼자서 마음챙김을 연습하는 사람들도 유대감과 만족감이 커졌다. 영국 정부는 2018년 1월 외로움을 주제로 조사한 결과를 바탕으로 외로움 담당 정무차관을 임명하기까지 했다.

자존감 향상   자존감 문제로 힘들어하는 사람들이 생각보다 많다. 마음챙김 수련은 문화의 경계를 넘어 자존감을 높이는 효과가 있다는 것이 반복적으로 입증되고 있다. 자신의 신체 이미지, 자부심, 한 인간으로서 자신을 향한 만족감을 높이는 데도 좋다.

기분 조절   마음챙김이 비록 적절한 진료를 완전히 대체할 수는 없지만 기분 장애와 관련된 문제를 다스리는 데 큰 도움이 된다. 일정 기간 우울, 불안, 기분 변화 등을 겪고 있다면 마음챙김으로 효과를 볼 수 있다. 연구자들에 따르면 기분 장애 진단을 받든 그렇지 않든 마음챙김으로 기분을 안정화시키는 데 도움을 받은 사람들이 많다.

연습의 기본 지침

일상에서 마음챙김을 실천하기 위해 뭔가 특별한 것이 필요하거나 새로운 것을 보탤 필요는 없다. 매일 연습한다는 것이 가장 힘들겠지만, 시간이 지나면서 자기 자신과 자기 일상에 잘 맞는 수련 방법을 찾게 될 것이고, 그렇게 되면 연습도 쉬워진다. 연습할 때 편안하고, 부드럽고, 자신에게 '맞다'고 느껴지는 것 그리고 마찰과 저항이 느껴지는 것에 주의를 기울인다.

이 책에 담긴 연습법, 연습을 위한 제안, 자신만의 통찰 등을 활용해 마음챙김을 연습하자. 나는 명상을 가르치면서 사람들에게서 연습을 시작하는 다양한 방법을 들었는데 다들 조금씩 달랐다.

아래에서 마음챙김의 여정에 오르는 데 도움이 되는 방법을 제안한다.

연습이 자리잡게 한다

명상 초심자일 때 나는 정말로 기를 써서 연습해야 했다. 하기 싫은 집안일처럼 느껴졌던 탓이다. 하지만 규칙적으로 하다 보니 습관이 들었다. 그러자 종일 마음챙김 명상 시간이 기다려지기까지 했다. 일상생활에서 수련의 효과가 나타나기 시작하자 마음챙김을 향한 믿음과 흥미가 더 강해졌고 연습도 더 쉽고 즐거워졌다.

마음챙김 연습에는 약간의 시간과 노력만 있으면 된다. 마음챙김 연습을 하면서 챙겨야 할 필수 조건 여섯 가지를 소개한다.

1. 명상 시간 내기　하루를 바쁘게 보내다 보면 명상 시간을 따로 내기가 어렵다고 생각할 수 있다. 전 세계에서 온 다양한 사람들을 만나 보니 이것이 공통적인 어려움이었다. 하지만 누구나 명상 시간은 충분히 낼 수 있다. 먼저 마음챙김에 우선순위를 부여해야 한다. 몇 가지 유용한 방법으로는 특정 시간을 따로 떼어 놓기, 평소보다 조금 일찍 일어나기, 오후 명상 시간을 스마트폰 캘린더에 설정해 알림 띄우기 등이 있다. 처음부터 하루에 30분씩 할 필요는 없다. 5분으로 시작해 보자.

2. 명상 공간 만들기　연습하기 좋은 장소를 찾기가 어려울 수도 있다. 연습은 어디서나 할 수 있다는 점을 명심하자. '완벽한' 장소나 '나쁜' 장소가 있다는 개념을 버리자. 물론 명상 전용 공간을 만드는 것도 좋다. 집에서 비교적 조용하고 편안한 곳을 찾는다. 사무실이나 작업 공간이 너무 어수선하다면 차에서 연습해도 좋다. 강변이나 공원, 조용한 거리와 같은 공공장소에서도 할 수 있다(그렇게 하는 것이 편하다고 느낀다면).

3. 의도 설정하기　마음속에 어떤 의도가 없었다면 당신은 이 책을 읽지 않았을 것이다. 마음챙김에 관심을 갖게 된 이유가 무엇인가? 그 답이 무엇이든 처음의 의도를 계속 되새기면서 앞으로 나아갈 원동력으로 삼는 게 좋다. 어쩌면 명상을 지속할 필요가 없다고, 명상할 시간이 없다고 속삭이는

목소리가 들릴지 모른다. 이런 생각과 맞서 봐야 원하는 결과를 얻을 수 없다. 싸우는 대신 의도를 떠올리자. 자신에게 무엇이 중요한지를 상기한다.

4. 꾸준함 기르기 이 책에 수록된 연습법을 활용하면 다양한 방식으로 마음챙김을 탐구할 수 있다. 적어도 하루에 한 가지를 연습하되, 마음챙김을 실천하겠다는 의도를 항상 마음에 품는다. 꾸준히 명상하면 마음을 효과적으로 단련할 수 있다. 매일 연습하면 제법 금방 습관이 된다. 마치 체육관에 가는 것과 비슷하다. 한 달에 한 번 가서는 좋은 결과를 얻기 어렵다. 하지만 일주일에 두 번씩 체육관에 가서 짧게라도 운동을 하면 점점 근육이 강해진다. 마음챙김 역시 차곡차곡 쌓는 훈련이다. 마음 근육도 훈련을 거듭할수록 튼튼해진다.

5. 친구 찾기 새로운 습관을 들이는 데 응원만큼 도움이 되는 것은 없다. 친구나 가족에게 하루에 한 번 같이 연습하자고 부탁해 보자. 그러면 책임감도 생기고, 어느 정도의 외적 동기가 되기도 한다. 게다가 다른 누군가와 체험을 공유하면 서로 정진하도록 동기를 부여하는 효과도 있다.

6. 일기 쓰기 마음챙김 명상에 관한 것만을 기록하는 일기장을 만들자. 연습을 마친 뒤 간단하게 기록한다. 오늘 연습은 어땠는가? 뭔가 새롭거나 흥미로운 일이 있었는가? 기분은 어떤가? 마음챙김 경험을 적다 보면 그것을 더 또렷하게 이해하고 새로운 통찰을 마음에 각인하며, 뒤돌아 볼 단서를 얻을 수 있다. 나는 아직도 처음 작성한 명상 일기를 때때로 펼쳐 보

는데, 그동안 얼마나 나아졌는지 보는 일이 무척 즐겁다.

> "마음챙김은 지금 일어나는 일을 두고 '이러저러했으면 좋았을 텐데'
> 하고 생각하지 않고 그저 알아차리는 것이다. 유쾌한 일이 있으면 즐기
> 면서 그것이 사라질 때 (분명 그럴 것이다) 매달리지 않는 것이다. 불쾌한
> 일이 있으면 받아들이면서 언제까지고 그러면 어쩌나 (그렇지 않을 것이
> 다) 하며 두려워하지 않는 것이다."

제임스 버라즈, 《깨어나는 기쁨Awakening Joy》 중에서

이 책을 잘 활용하려면

이 책은 당신이 마음챙김에 발을 내딛도록 방향을 제시하는 길잡이가 될
것이다. 나 스스로도 이 책에 설명한 방법대로 빠짐없이 수련했고, 여러 사
람이 그것으로 효과를 보는 모습을 지켜보았다. 사람에 따라서는 특정한
수련이나 개념이 더 쓸모 있다고 느낄 수 있다. 열린 마음으로 각 연습법이
자신에게 어떻게 다가오는지 시도해 보자.

연습은 크게 세 부분으로 나뉜다. 마음챙김 기본 연습, 일상생활에서 하
는 마음챙김, 기분을 다스리는 마음챙김. 부분마다 짧고 간단한 연습으로
시작된다. 앞으로 나아가면서 앞선 연습을 토대로 하나둘 쌓아 올릴 테고
시간도 조금 더 걸린다. 각 부분의 처음부터 시작해서 차근차근 간단한 연
습법을 터득한 뒤, 다음으로 넘어가기를 권한다.

초심자라면 1부 마음챙김 기본 연습에서 출발하기를 추천한다. 이 부분

은 마음챙김의 기본이 되는 연습이 담겨 있고 나머지 부분을 연습하면서
도 계속 되짚어 보게 된다.

명상에 관해 한마디하고 싶다. 사람들은 대부분 '명상'이라고 하면 경건
한 요기가 몇 시간씩 쉬지도 않고 완전히 텅 빈 마음으로 가만히 앉아 있
는 모습을 상상한다.

마음챙김 명상에서 좌식 명상이 중요한 부분을 차지하는 것은 맞지만,
이 책에서 다루는 연습법 역시 일종의 명상법이며, 하던 일을 멈추고 눈을
감고 앉지 않아도 되는 방법이 많다는 점을 알아 두었으면 한다. 활동적인
방법도 있고, 일상생활에서 활용할 수 있는 방법도 여러 가지이며, 눈을
뜨고 하는 연습도 있다. 정식 명상과 활동적인 마음챙김 연습을 둘 다 적용
하면 마음챙김 수련의 토대를 튼튼히 다질 수 있다.

문제 해결하기

마음챙김과 명상은 거의 모든 사람에게 이로우며, 현재 겪고 있는 문제가
무엇이든 이 연습법을 삶에 도입하면 긍정적인 효과가 분명히 나타난다.
하지만 특정한 문제에 집중적으로 노력을 쏟는 방법도 있다. 이 책이 세 부
분으로 나뉘는 이유이기도 하다.

현재 직면한 문제가 있다면 그것을 다루는 연습법부터 바로 시작해도 괜
찮다. 본문에 제시된 순서대로 연습을 따라가도 좋고, 아니면 눈길을 끄는
방법이나 자신의 생활 방식과 일정에 가장 잘 맞는 방법을 찾아 연습해도
좋다. 다음은 상황에 따른 연습법 목록 예시이다.

필요에 따라 하는 연습법

● 불안과 스트레스 완화하고 싶을 때 – 연습 51번 '몸 가라앉히기', 연습 55번 '감정 알아차리기'

● 화를 가라앉히고 싶을 때 – 연습 56번 '불길 가라앉히기'

● 고통에 대처하는 중일 때 – 연습 57번 '웃음 짓기'

● 우울한 감정을 다스려야 할 때 – 연습 61번 '부드러운 마음으로 대하기', 연습 63번 '레인 명상법 연습하기', 연습 65번 '감당할 수 있는 마음 발견하기'

● 식사, 운동, 건강에 대한 명상이 필요할 때 – 연습 29번 '명료한 상태로 요리하기', 연습 31번 '마음챙김 설거지하기', 연습 35번 '자신의 세계에 색 입히기'

연습으로 성장하자

이 책에 담긴 연습법은 5분이면 끝나는 것에서 20분 넘게 걸리는 것까지 폭이 넓다. 짧은 연습법으로 여정을 시작하여 점차 긴 연습법으로 나아가 보자. 짧고 간단한 방법을 터득하고 나면 이해력과 통찰력이 생기고 더 긴 연습법도 쉽게 익힐 수 있다. 이것은 성장의 과정이다. 자신을 친절하게 대하고 자기 속도에 맞게 움직이자. 나는 당신이 여기 있는 연습법을 모두 시도해서 마음챙김 개발 방법을 다 경험해 보기를 바란다.

한계를 늘리자

이 책을 읽고 연습을 하다 보면 힘들고 어려운 상황에 부딪히기도 할 것이다. 어떤 연습법은 자연스럽게 되지만 어떤 연습법은 더 많은 시간과 노력이 필요할 수도 있다. 명심하자. 당신은 할 수 있다. 어떤 순간에는 자신을 의심할지도 모르지만 성장하려면 때로는 안전지대에서 벗어나야 한다. 이 책에 수록된 연습법들은 아마도 더 깊이 파헤쳐 보라는 부드러운 자극제가 될 것이다. 두려움이나 의심을 느끼거나 자신을 심판하더라도 괜찮다. 묵묵히 앞으로 나아가자.

규칙적으로 연습하자

이미 다른 명상을 하고 있든 그렇지 않든, 하루 중 몇 분이라도 마음챙김 명상을 하는 게 좋다. 매일 하나씩이라도 연습한다. 그렇게 꾸준히 하면 습관을 들이고 명상에 깊이를 더하는 데 도움이 된다. 바쁜 하루를 보낸 날에는 책에서 짧은 연습법을 찾아본다. 그리고 잊지 말자. 연습 시간이 길다고 좋은 것은 아니다. 어떤 연습이든 좋다. 5분짜리 연습은 특히 쌓일수록 더 유용해진다. 마음이 방황하려 할 때 다시 집중하는 데 좋고, 처음의 의도를 되새기는 데도 탁월하다.

좌절이 찾아오면 용서하자

뭔가를 처음 배울 때는 늘 좌절한다. 원하는 만큼 빠르게 습득하지도 못하고, 세 걸음 앞으로 가면 두 걸음 물러나거나, 아예 연습해야 한다는 것을 완전히 잊어버릴 수도 있다. 뭔가를 잘하지 못한다는 것은 좌절할 만한 일이다. 그렇기에 용서와 초심자의 태도가 이 여정에서 그토록 중요한 것이다. 마음챙김으로 가는 길은 곧게 뻗은 고속도로가 아니다. 구불구불하고, 정지 표시도 있으며, 예상하지 못한 곳에서 방향을 트는 일이 벌어지기도 한다. 몇 번이든 용서와 호기심을 상기시킨다.

앞으로 나오는 연습법들은 자신만의 체험을 탐구하는 데 도움이 될 것이다. 당신은 점점 또렷하게 보게 될 것이다. 부드럽게 대응하는 법을 배울 것이다. 하지만 외부에서 끌어와야 할 것은 없다. 이미 내부에 있는 것을 길러 내면 된다. 우리 마음과 정신에는 친절, 인내, 지혜, 깨침의 씨앗이 들어 있다. 씨앗에 물을 주고 꽃이 피는 것을 지켜보자.

나아지고 있는지 의심이 들 때

처음 몇 번은 명상을 하면서 편안하게 이완되는 느낌이 들지 않을 수 있다. 가만히 앉아 마음을 관찰하기란 믿기지 않을 만큼 어렵다. 특히 처음에는 더더욱 그렇다. 으레 그렇듯이, 새로운 습관이 자리잡을 때까지는 오랜 시간이 걸린다. 이것을 '연습'이라고 하는 까닭은 끝이 없기 때문이다. 결승점을 통과하거나 좋아하는 요리책에 실린 레시피를 전부 시도하는 것 같은 끝 말이다. 마음챙김은 일시적인 수단이 아니다. 평생 함께할 동지이다. 조금씩 발전하다 보면 하루 중 불쑥 마음챙김이 저절로 일어나는 순간을 경험하게 된다. 결과(혹은 '해법')에 대한 열망을 버리고 초조함보다는 호기심으로 바라보는 게 좋다. 초반의 연습법을 익히는 과정에서 이 여정을 신뢰하게 되길 바란다.

다음은 연습 방법을 하나하나 접하면서 마주하게 될 용어들이다.

느낌의 톤	유쾌하거나, 불쾌하거나, 중립적인 느낌. 예를 들어, 새 울음소리를 들을 때는 유쾌한 느낌의 톤이고, 몸 어딘가가 따갑거나 근질거리면 불쾌한 느낌의 톤을 경험한다.
성장 지점	성장의 여지가 있는 부분. 보통은 뜻대로 되지 않아 힘겨워하는 경우를 말하지만, 배움의 기회가 되는 지점이기도 하다.
'사로잡히기'와 '벗어나기'	'사로잡히기'는 어떤 경험에 둘러싸여 적절한 반응을 선택하지 못하는 것. '벗어나기'는 그런 경험에서 해방되어 의식을 되찾는 것.
자애	다른 사람의 행복에 마음을 쓰는 행동과 자질. 자애는 가슴을 열고 다른 사람을 친절하게 대한다는 의미이다. 때로는 메타metta, 즉 불교에서 말하는 '자비'로 표현한다. •
만트라/문구	일부 마음챙김 수련에서 주의 집중의 대상. 문구 혹은 만트라는 의도를 개발하는 데 쓰는 간단한 표현이며, 어떤 목표에 집중하는 방법이다.

• 영어권에서 보통 loving-kindness로 쓰는 이 용어는 '자심慈心', 혹은 '자애'로 옮길 수 있다. 자애는 애정, 사랑, 친절 등 다른 존재가 행복하기를 바라는 마음을 가리키고, '연민' 혹은 '비심悲心'은 다른 존재가 느끼는 고통이나 아픔을 덜어 주려는 마음을 가리킨다 ― 옮긴이 주.

명상	마음이나 정신의 본질을 개발하기 위해 시간을 할애하는 행동. 보통 침묵 속에서 한다. 흔히 앉아서 하지만 걷거나 설거지를 할 때 혹은 먹을 때도 할 수 있다.
원숭이 마음	원숭이가 한 가지에서 다른 가지로 뛰어다니듯이 마음이 이리저리 혼란스럽게 움직이는 상태.
메모하기	현재의 경험을 마음속으로 말하는 연습. 소리 내 말하지 않고 속으로 말하여 정리하는 일인데, 사로잡히지 않으면서 뭔가를 명확하게 보는 데 도움이 된다.
부교감 신경계	심박동을 느리게 하고, 근육을 이완시키고, 분비샘 활동을 원활하게 하는 등 하향 조절을 담당하는 중추 신경계.
현재 경험	현재 시점에서 자신에게 벌어지고 있는 모든 일의 통칭. 현재 경험은 순간순간 자신이 체험하는 것이다. 이는 쉴 새 없이 변하고, 온갖 다양한 자극으로 가득하며, 항상 존재한다.
감각의 문	마음챙김 훈련에서 이용할 수 있는 여섯 가지 기본 감각. 후각, 미각, 청각, 촉각, 시각, 생각이다. 감각의 문은 뭔가 생기거나 지나가는 현상을 경험하는 통로이다.

1부

마음챙김
기본 연습

마음챙김은 현재에 머무르는 법을 배우는 것에서 시작한다.

1부의 연습은 현재의 경험에 주의를 기울이는

간단하지만 전통적인 방법들로

주로 초심자에게 권한다.

이 연습법은 인내심, 명료함, 힘이라는 자질을 활용하여

현재에 존재하게 만드는 능력을 기른다.

1부에서 우리는 마음이 방황할 때 제자리로 돌아오게 하고,

자기를 판단하는 마음을 내려놓고,

관대한 태도로 대응하는 방법을 함께 나눌 것이다.

뜻을 기울여 노력하면

마음이 깨어 있도록 하는 기술을 익힐 수 있다.

 연습 1
호흡 발견하기

5분

우리는 늘 숨을 쉰다. 호흡은 마음챙김 명상의 출발점으로 마음이 중심을 잡고 싶을 때 언제라도 처음으로 되돌아갈 수 있게 하는 기본적인 방법이다. 첫 연습에서는 조심스럽게 몸에서 호흡을 발견해 보자. 연습을 통해 알아낼 것도 없고, 해결해야 할 문제도 없으며, 특별하게 할 일도 없다. 호흡하는 몸을 직접 경험하면 된다. 이것은 마음이 산만해지지 않고 호흡이라는 경험과 하나가 되게 하는 훈련이다.

단계

1   편안한 자세를 찾는다. 보통 앉은 자세를 추천하는데, 몸이 깨어 있으면서 활력을 유지하기에 좋기 때문이다. 등을 대고 누운 자세나 선 자세로도 할 수 있다. 요가 매트나 명상 방석, 아니면 의자에 앉아도 괜찮다. 몇 분 동안 가만히 있어도 편안한 자세를 찾는다.

2   눈을 부드럽게 감는다. 눈을 뜨는 것이 편안하면, 바닥이나 천장을 (자세에 따라서) 자연스럽게 응시한다. 눈에 힘을 빼고 한곳을 바라본다. 이는 훈련하는 동안 다른 생각이 최대한 덜 들게 하려

는 것이다.

3   의식을 복부에 둔다. 복부의 근육을 이완시키고, 자연스러운 오르내림을 느낀다. 몸이 스스로 숨을 쉰다고 상상한다. 숨을 쉴 때마다 배꼽에서 시작해 복사근에 이르기까지 복부 주위에서 일어나는 움직임을 느낀다. 그런 식으로 몇 차례 깊이 호흡한다.

4   의식을 가슴으로 옮긴다. 숨을 들이쉴 때 폐가 팽창하고 가슴이 부풀어 오르는 느낌에 집중한다. 내쉴 때는 폐가 수축하면서 가슴이 움직인다. 그 감각을 느낀다. 들이쉬기 시작할 때부터 다 내쉴 때까지 호흡의 느낌을 따라가려 노력한다.

5   이제 의식을 콧구멍으로 이동한다. 여기서는 호흡의 느낌이 약할 수 있다. 심호흡을 하면서 무엇이 느껴지는지 살피자. 들이쉴 때 코끝에서 살짝 간지러운 느낌이 들 수 있다. 내쉴 때는 숨이 조금 더 따뜻하다고 느낄 수 있다.

6   위 세 곳 중에 한 곳에 의식을 두고 호흡을 느낀다. 마음이 방황하거든 호흡을 느끼는 일로 다시 주의를 돌린다. 1~2분 동안 호흡을 관찰한다.

7   연습을 마무리하고, 이를 일상생활에 스며들게 한다. 몸이 호흡을

느끼면 마음을 현재에 머무르게 하는 데 도움이 된다.

마음이 방황할 때

마음이 방황하는 것은 자연스러운 현상이다. 수련을 오래한 명상가도 마음이 방황한다! 뇌는 늘 새로운 정보를 처리하도록 만들어졌다. 그저 할 일을 할 뿐이다. 이를 문제로 보기보다는 마음챙김 훈련을 강화하는 기회로 생각하자. 방황하는 순간에는 용서, 호기심, 인내심을 불러내면서 호흡으로 마음을 되돌린다.

연습 2
접촉 지점 느끼기

5분

"마음챙김은 현재의 경험을 인지하고 이를 균형 있게 받아들이는 일이다. 그보다 더 복잡할 게 없다. 지금 이 순간이 유쾌하든 불쾌하든 있는 그대로, 거기에 매달리거나 그것을 거부하지 않고 수용하는 것이다." _실비아 부어스타인Sylvia Boorstein, 《일단 저지르지 말고, 가만히 앉아 있어라Don't Just Do Something, Sit There》 중에서

몸은 항상 뭔가와 맞닿아 있다. 의자가 됐든 바닥이 됐든 침대가 됐든 아니면 공기가 됐든 말이다. 이 연습은 현재 경험에 주의를 기울이는 좋은 기회이다. 명상할 때든지 일상생활을 할 때든지 몸의 접촉 지점은 언제라도 의식할 수 있다. 이런 감각은 누구나 쉽게 느낄 수 있어, 초심자가 마음챙김을 연습하기에 가장 이상적이다.

 단계

1   이 연습은 어떤 자세로도 할 수 있지만 앉아서 하기를 권한다. 눈을 감고 몸의 자세에 주의를 기울인다. 편안해지도록 몸을 조금씩 움직여 가며 편안한 자세를 찾는다.

2 먼저 몸이 무언가에 맞닿는 지점을 알아차린다. 발과 바닥이 맞닿은 지점이 느껴지는가? 발의 느낌에 주목한다. 특별히 할 일은 없다. 그저 그 순간 발이 느끼는 감각을 관찰하면 된다.

3 의자 혹은 방석과 맞닿는 엉덩이 부분으로 의식을 이동한다. 허벅지가 의자에 닿아 눌리는 감각을 느낀다. 의식을 그 자리에 둔 채, 몸에서 느껴지는 감각을 가만히 지켜본다.

4 손이 어떤 자세로 있든 양손으로 의식을 가져간다. 손이 무릎에 놓여 있든 허벅지에 놓여 있든 몸에 닿는 손의 감각을 느낀다. 손 전체를 느끼는 것이 아니다. 손이 무엇인가에 닿아 있는 지점으로 초점을 좁힌다.

5 이제 옷에 닿는 몸의 감각을 찾아본다. 몸 전체를 죽 훑으면서 어느 부분에서 옷의 감촉이 느껴지는지 살펴보는 것도 좋다. 팔이나 목, 발목처럼 피부가 드러나는 옷단 부근이 느끼기 쉽다.

6 마지막으로 공기에 닿는 피부의 느낌에 주의를 기울인다. 손바닥에 닿는 공기의 온도와 손등에 닿는 공기의 온도가 다르다는 것을 알아차릴 수도 있다. 실외에 있다면 바람을 느낄 수 있다. 맞거나 틀린 방법은 없다. 그저 자기 감각에 솔직해진다.

7 연습을 마무리하며, 그날 하루 동안, 몸의 접촉 지점에 신경을 집
중한다. 의자에 앉을 때마다 의자에 닿는 몸의 감각을 느끼자. 서
있을 때는 바닥에 닿는 발의 감각을 느낀다.

한꺼번에 여러 감각이 느껴질 때

처음으로 몸의 마음챙김을 탐구하다 보면, 몇 가지 감각을 동시에 인
지하게 된다. 마음을 한곳에 집중하기 위해서는 감각을 모두 느끼려
애쓰기보다 간단한 문구나 만트라를 사용하면서 몸의 특정 부분의 느
낌을 관찰하는 게 좋다. 예를 들어, 발에 주목할 때는 '발, 발, 발'이라
되뇐다.

혹시 명령형이 더 낫겠다고 생각하면 (그럴 때가 있다) '발을 느껴,
발을 느껴, 발을 느껴' 하고 되뇌어도 좋다. 들숨과 날숨에 맞춰 리듬을
타면서 반복하는 것도 좋다.

축하한다! 당신은 지금 만트라를 사용하고 있다. 만트라는 이렇게
간단하다.

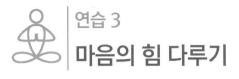 

연습 3
마음의 힘 다루기

5분

마음은 강력한 도구이다. 우리는 마음챙김 연습을 하면서 이 강력한 도구를 특정한 의도에 맞게 사용할 수 있도록 집중적으로 훈련하고 다루는 법을 배운다. 이번 연습에서는 마음의 힘을 가지고 놀면서, 마음을 다양한 방식으로 구슬리는 법을 알아본다. 또 마음이 '청각 사고'와 '시각 사고'의 어떤 패턴을 따르는지도 지켜본다. 너무 진지해지지 않아도 된다. 가벼운 마음과 호기심 있는 태도로 접근해 보자.

1   이번 연습에서는 눈을 감는다. 자기 몸이 어떤 자세로 앉아 있는지 의식한다. 척추를 가급적 곧게 하고 근육은 이완시킨다.

2   눈을 감고 마음속으로 자신이 앉아 있는 방 혹은 공간을 떠올린다. 몸이 방의 어디에 있는지 시각화 한다. 마음속으로 방을 그려보자. 바닥, 벽, 문을 떠올린다. 그 외에 무엇이 있는지 떠올린다.

3   이제 방은 잊어버리고, 어딘가 평화로운 장소에 있는 자신의 모습을 상상한다. 해변이나 숲이 될 수도 있고 '행복하다고 느끼는

다른 장소'가 될 수도 있다. 2단계에서 했듯이 주변을 마음속으로 그린다. 최대한 자세하게 묘사한다.

4   상상을 멈추고, 잘 아는 노래나 선율을 떠올린다. 머릿속에서 가사나 멜로디를 들으려 해보자.

5   이제 음악을 마음으로 들어 볼 시간이다. 머릿속에서 음량을 줄여 음악이 작게 들리게 해보자. 그런 다음 음량을 조금 올려 본다. 음악을 느리게 혹은 빠르게 조절할 때 느낌이 어떻게 바뀌는지도 실험한다.

6   마지막에는 잠시 쉬면서 마음의 힘을 인식한다. 조금만 노력하면 이미지를 떠올리고 원하는 방식으로 음악을 들을 수 있다.

집중이 안 될 때

명상을 하다 보면 집중력이 느슨해지는 경우가 있다. 가끔은 자기도 모르는 사이에 몇 분이나 다른 생각에 빠지기도 한다. 명상을 하다가 집중이 안 되면 마지막으로 주의 깊게 관찰하던 대상이 무엇이든 그것으로 의식을 되돌린다. 그것조차 효과가 없으면 호흡으로 돌아간다.

마음이 방황하고 있다는 사실을 알아챘으니, 현재에 머무르도록 훈련할 기회가 생긴 셈이다. 필요하면 몇 번이 되었든 앞서 하던 연습으로 되돌아간다.

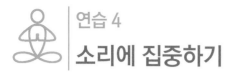 연습 4
소리에 집중하기

5분

마음챙김 명상에서는 몸의 감각과 마음의 생각에 초점을 맞추는 경우가 많다. 그러나 다른 감각에 주의를 기울이면 현재에 깨어 있는 느낌을 강화하는 데 도움이 된다. 첫 연습에서 호흡을 관찰한 것처럼, 주변에서 나는 소리를 인식의 대상으로 삼을 수 있다. 소리는 하루 종일 오고 가며, 마음챙김 연습에 활용할 안정적인 재료가 된다. 어디에 살든 직업이 무엇이든 소리를 없애기는 불가능하다. 명상을 하면서 듣는 경험을 탐구하자. 이 연습을 생활 속에 적용해 하루 중 언제든지 잠시 멈추어 주변의 소리에 귀 기울여 본다.

단계

1 먼저 편안한 자세를 잡고 눈을 감는다. 의식을 호흡으로 모으되, 호흡할 때 일어나는 '신체적 감각'이 아니라 '소리'에 초점을 맞춘다. 숨을 코로 들이쉬고 내쉬면서 호흡에서 생기는 소리에 귀를 기울인다.

2 다른 소리에도 의식을 연다. 자동차가 지나가는 소리, 집 안에서 나는 잡음, 자연에서 들리는 소리를 발견할 수도 있다. 무슨 소리

든 거기에 주의를 기울인다.

3   마음은 들리는 소리를 습관적으로 인식한다. 자동차가 지나가면 우리는 그것이 차라는 사실을 바로 안다. 그러나 여기서는 그 소리가 무엇인지 구분하고 정의하는 대신, 듣는 경험 자체에 초점을 맞춘다. 귀는 마이크이며 그저 소리를 모을 뿐이라 상상한다. 소리가 들리고 멀어져 가는 것을 인식하면서 얼마나 떨어진 곳에서 소리가 나는지, 어디에서 오는지를 느낀다.

4   특정한 소리가 주의를 사로잡으면 거기에 잠시 귀를 기울인다. 소리를 온전히 경험한다. 그런 다음 마음을 열고 다른 소리를 찾는다. 계속 그렇게 맑은 마음으로 현재에 머무르면서 탐구하고, 귀 기울이고, 또 다른 소리에 마음을 연다.

5   시간이 다 되면 잠시 호흡으로 의식을 돌린다. 억지로 하거나, 애쓰지 말고 마음이 호흡 소리에 온전히 집중하도록 여유를 준다.

6   눈을 뜨고 일상생활로 돌아가 주변에서 들리는 소리에 어느 정도 의식을 기울인다. 듣는 행위에 주목하면서 지금 느끼는 의식으로 되돌아간다.

소리가 집중을 흐트러뜨릴 때

이 연습을 하는 도중이든 일상생활에서든 특정한 소리가 집중을 방해하는 경우가 있다. 공사 소음, 새소리, 사람들이 떠드는 소리 등은 연습에 방해가 되곤 한다. 집중이 흐트러지는 것을 알아차리면, 방해가 되는 소리 자체를 연습의 일부분으로 삼는다. 소리의 출처가 무엇이든 비판하거나 판단하지 않으면서 그 소리를 난생처음 듣는다고 상상한다. 소리에서 언어를 배제할 수 있는지, 소리의 출처를 즉시 알아내려는 충동을 자제할 수 있는지 시도한다. 어떤 소리에 혐오감이 일어나면 이를 알아차리되 통제할 수 없는 소리에 저항하지는 말자.

 연습 5
천천히 식사하기

10분

"이것이 진정한 삶의 비밀이다. 지금 이곳에서 자신이 하는 일에 완벽하게 몰두하는 것. 그리고 그것을 일이라고 느끼는 대신 놀이라고 깨닫는 것." _앨런 와츠Alan Watts, 《앨런 와츠 가르침의 정수The Essence of Alan Watts》 중에서

몸의 감각과 청각으로 연습하던 마음챙김에서 이제는 미각, 후각, 시각으로 방향을 바꿔 보자. 먼저 우리가 늘 먹는 음식부터 시작한다. 베트남 출신의 저명한 선승 틱낫한은 이렇게 말했다. "지금 이 순간에 자리를 잡고, 먹는 동안에 견실함과 기쁨, 평화가 느껴지도록 먹읍시다." 식사는 마음챙김 수련뿐 아니라 몸에 양분을 주는 기회이다.

단계

1   어느 자세로도 이 연습을 할 수 있지만 먹는 동안에는 움직임을 최소화하는 편이 좋다. 그래야 불필요한 자극을 줄이고 먹는 경험에 집중할 수 있다. 이 연습은 먹는 음식의 종류에 상관없이 언제나 할 수 있다. 우선 건포도, 베리류 혹은 좋아하는 채소 몇 가지 등 단순한 것부터 시도한다.

2   먼저 눈으로 음식을 받아들인다. 색깔, 모양, 크기 등을 살핀다. 음식을 보면서 먹고 싶다는 욕구를 알아차린다. 배고픔이 방해가 되어서는 안 된다. 먹고 싶다는 욕망에 매달리지 말고 욕망이 오면 오도록, 가면 가도록 그냥 내버려 둔다. 음식의 생김새로 의식을 되돌린다.

3   음식의 냄새를 살펴본다. 냄새가 강한 음식이 있고, 코앞에 가져가야 냄새가 나는 음식이 있다. 냄새를 맡는 경험에 의식을 모은다. 먹고 싶다는 욕구가 일어나기 시작하면 코에 들어오는 냄새로 주의를 되돌린다.

4   음식을 먹기 전에 음식을 생산하는 데 들어간 에너지를 잠시 느낀다. 이것을 기르고 여기까지 가져오기 위해 많은 사람이 일을 했다. 자연은 영양분, 비, 햇살을 주었다. 누군가 깨끗하게 씻고, 요리를 하고, 포장을 했다. 이 식사를 만들기 위해 들어간 에너지를 모두 떠올린다.

5   이제 천천히 음식을 집는다. 식기를 사용한다면 그것이 몸에 닿을 때의 느낌에 주의를 기울인다. 식기나 음식이 손에 어떻게 느껴지는지 관찰한다. 음식은 뻣뻣한가? 단단한가? 부드러운가? 차가운가? 따뜻한가?

6   음식을 입에 넣으면서, 얼른 씹어서 삼키고 싶다는 욕구가 있음을 알아차린다. 그러나 먼저 음식의 온도부터 느낀다. 음식을 입에 넣은 상태에서 그 모양을 느낄 수 있는가?

7   이제 씹기 시작하면서 음식의 질감을 느낀다. 씹을 때마다 질감이 달라지는가? 맛을 알아차린다. 먹는 것의 이름을 알아차리는 일(예를 들어, '라즈베리네' 하는 식으로) 외에는 그 맛을 알아차리기 어려울 수 있다. 좀 더 깊이 파고들어 보자. 여러 가지 맛이 동시에 나는가? 씹으면서 달라지는 맛에 주의를 기울인다.

8   삼킬 때는 그 경험에 집중한다. 음식이 목구멍으로 내려갈 때 어떤 느낌이 드는가? 얼른 한 입 더 먹고 싶다는 욕구도 알아차린다. 잠시 그대로 있으면서 입 안에 어떤 맛이 남아 있는지 알아차린다.

9   계속 이런 식으로 먹으면서 천천히 하라고, 현재에 머무르라고 자신에게 이야기한다. 지속해서 모양과 냄새와 맛과 느낌, 떠오르는 생각을 살핀다.

10   식사를 마치면 몸에 영양을 더해 주는 음식에 감사함을 느낀다. 마음의 긴장을 풀고 그 에너지와 생명력에 감사하는 상태를 유지한다.

자꾸 성급해질 때

마음챙김 식사는 인내심 훈련으로, 어느 정도 자제력이 필요하다. 천천히 먹으려고 애쓰다 보면 빨리 먹고 싶다는 욕구가 더 강해질 수 있다.

우리는 보통 입 안에 있는 음식을 씹는 도중에 다음에 먹을 한 입을 미리 생각하고 준비한다. 마음챙김 식사의 근간은 천천히 먹는 것이다. 욕망이 덮쳐 오거든 잠시 멈춰서 호흡하며 속도를 늦춘다.

연습 6
몸 훑어보기

10분

몸 훑어보기는 많은 사람이 사용하는 기본적인 마음챙김 기법이다. 나는 한 치료사에게서 이것을 처음 소개받았지만 이것은 불교의 가르침에서도, 마음챙김 기반 스트레스 감소 프로그램과 요가 수업에서도 접할 수 있었다. 몸을 훑어보면 자신이 경험하는 느낌을 더 또렷하게 알게 된다. 또 마음이 현재 경험에 머무르게 하고, 자기 앞에 있는 대상에 집중하는 법도 배우게 된다.

1 　가능하다면 허리를 곧게 펴고 가장 자신감 넘치는 자세로 앉는다. 눈을 가만히 감고 몸을 조금씩 움직여 가며 편안한 자세를 찾는다. 몇 차례 심호흡을 하면서 숨을 쉬는 현재의 경험에 의식을 모은다.

2 　의식을 정수리로 가져간다. 머리끝에서 무엇이 느껴지는가? 뭔가를 바로잡거나 알아낼 필요는 없다. 무슨 특별한 일이 일어나게 할 필요도 없다.

3   의식을 이마와 눈썹으로 내리고 그곳을 느낀다. 이마와 눈썹에 닿는 공기의 온도가 느껴지거나 팽팽한 느낌, 아니면 그냥 평범한 상태의 피부가 느껴질 수 있다. 무엇이 느껴지건 그것에 가만히 주의를 기울인다.

4   의식을 뺨과 턱으로 이동한다. 이런 식으로 천천히 따라 내려가면서 의식을 그곳에 두고, 몸에서 느껴지는 것을 부드럽게 관찰한다.

5   콧구멍과 윗입술의 느낌에 주의를 기울인다. 아마 여러 가지가 느껴지겠지만 그중에서도 호흡이 가장 확실하게 다가올 것이다. 들이쉬고 내쉴 때마다 그 감각을 느낀다.

6   이제 입으로 내려가 혀와 입술과 치아에 집중한다. 혀가 어디에 어떤 상태로 있는지, 침의 느낌은 어떤지, 입 안에 어떤 움직임이 있는지 알아차린다.

7   계속해서 몸 윗부분을 이런 식으로 살펴본다. 천천히 목으로, 어깨로, 더 내려가 손으로 의식을 옮긴다. 잠시 한 부분에 머무르면서 무엇이 느껴지는지 인내심 있게 관찰한다.

8   의식을 다시 어깨뼈로 끌어올린 다음 등을 타고 내려가게 한다.

척추의 형태, 등의 근육, 호흡할 때 팽창하고 수축하는 감각을 느낀다.

9   가슴에서 시작해 몸통 앞면에 의식을 모은다. 옷이 닿는 몸의 감각이나 호흡이 일어나는 몸의 감각을 느낄 수 있다. 복부로 의식을 이동하면 배고픔이나 소화와 연관된 감각을 알아차릴 수 있다.

10   골반과 엉덩이를 따라서 다리로 의식을 옮긴 뒤 발까지 내려간다. 뭔가와 맞닿는 각각의 접촉 지점, 관절의 느낌, 긴장감에 주의를 기울인다.

11   발가락 끝에 다다르면 의식을 열어 몸 전체를 느낀다. 머리에서 발끝까지 몸 전체의 경험을 받아들인다. 몸의 윤곽, 자세를 감지하고 호흡을 하면서 일어나는 미세한 변화를 감지한다.

취침 전 몸 훑어보기   이 연습은 잠을 유도하는 데 아주 탁월하다. 이때는 누워서 하면 된다. 발에서 시작해서 천천히 몸 위쪽으로 올라가며 모든 감각을 느낀다. 몸이 침대에 닿는 감각을 느끼고, 몸을 부드럽게 하려는 데 집중한다. 긴장한 부위가 있으면 그곳을 의식하면서 숨을 쉬고, 그곳이 자연스럽게 이완되게 내버려 둔다. 잠들거나 이완하려고 애쓸 필요는 없다. 발가락에서 머리까지 편안한 마음으로 의식을 옮기면서 각각의 부위를 인지하고 알아차린다.

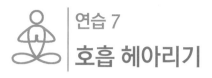

연습 7

호흡 헤아리기

10분

스코틀랜드 태생의 티베트 불교 저자이자 교수인 보디파크사Bodhipaksa 는 '집중'에 대해 이렇게 말했다. "집중하면 자기가 하는 일을 진정으로 즐길 수 있다. 전원생활이든, 독서든, 글쓰기든, 대화든, 생각하기든 집중 하면 더 명료하고 깊이 생각할 수 있다." 처음 연습을 시작할 때는 마음 이 쉽게 방황하는 것을 알게 된다. 연습은 마음에게 할 일을 부여하고 마 음이 거기에 몰두하도록 훈련하는 것이다. 마음챙김과 마찬가지로 여기 에도 시간이 걸린다. 마음이 방황하거든 다시 처음으로 되돌아간다. 시 간이 지나면서 마음은 잡다한 생각들을 저절로 내려놓고 집중하는 법 을 익히게 된다.

 단계

1   의자나 방석에 편안한 자세로 앉는다. 척추는 곧게 세우되, 근육
     은 힘을 뺀다. 몸의 상태를 잠시 점검한다. 어깨를 내려뜨리고, 복
     부 근육의 긴장을 풀고, 몸의 이완을 받아들인다.

2   어디에서 호흡이 느껴지는지 알아차린다. 복부일 수도 있고, 가
     슴이나 콧구멍일 수도 있다. 호흡을 가장 쉽게 느낄 수 있는 부분

이 어디인가? 그곳에서 숨이 들어가고 나가는 감각에 의식을 모은다.

3   호흡을 세기 시작한다. 호흡을 들이쉬고 내쉬며 하나를 센다. 다시 들이쉬고 내쉬며 둘을 센다. 이렇게 각각의 호흡을 느끼며 여덟까지 센 다음 다시 하나로 돌아간다.

4   숫자 헤아리기는 마음의 집중과 수련을 돕는 도구이다. 경쟁도 아니고, 얼마나 잘하고 있는지 알려 주는 지표도 아니다.

5   마음이 방황하면 다시 호흡으로 되돌아간다. 필요하면 몇 번이든 하나부터 다시 시작한다. 판단하는 마음이 드는지 주의해 살피고, 가혹한 자기비판을 내려놓는다.

6   이런 식으로 계속 호흡을 세면서 집중력을 끌어올린다. 마음이 방황하거든 그것을 알아차린다. 마음이 집중하고 있다면 그것도 알아차린다.

7   10분이 지나면 눈을 뜬다. 마음이 언제 집중하는지 언제 방황하는지를 알아차리면서 하루를 보낸다.

호흡을 헤아리는 다양한 방법 호흡 헤아리기를 접목하여 할 수 있는 연습이 많다. 집중은 중요한 훈련으로 마음챙김을 자리 잡게 하고, 명상에 몰입하며, 일상생활에서 현재에 더 잘 머무르게 하는 데 도움이 된다. 위의 방법을 다음과 같이 살짝 바꾸면 연습에 흥미를 더하면서 마음이 자동 반응 상태에 들어가지 않도록 예방할 수 있다. 하나에서 여덟까지 센 뒤에 거꾸로 여덟에서 하나까지 세어 본다. 아니면 들이쉴 때와 내쉴 때 각각 숫자를 붙여 세도 된다. 들이쉬고 '하나' 내쉬며 '둘' 하는 식으로 말이다. 호흡의 수를 바꿔도 좋다. 어떤 방법이 유용한지 스스로 탐구하여 찾는다.

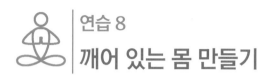

연습 8

깨어 있는 몸 만들기

10분

마음챙김 연습 도중에는, 특히 자세를 잡고 막 연습을 시작할 즈음에는, 몸이 긴장하거나 들썩이거나 흔들리기 쉽다. 이것을 완화하려면 연민과 관대함을 발휘하는 방법을 배우는 게 도움이 된다. 이번 연습에서는 몸을 친절하고 관대하게 대하도록 시도한다. 일상생활의 다양한 순간에, 혹은 난관이 찾아오는 순간에 이 방법으로 몸을 차분하게 가라앉힐 수 있다.

단계

1   가만히 눈을 감고, 몸을 조금씩 움직이면서 연습하기에 편한 자세를 취한다. 숨을 들이쉬면서 척추를 쭉 편다. 내쉴 때는 근육을 이완한다. 이런 식으로 몇 차례 심호흡을 하면서 의식을 몸에 머무르게 하고, 에너지를 받아들이면서 이완을 유도한다.

2   잠시 몸을 의식하는 상태로 가만히 있는다. 접촉 지점을 관찰하는 연습이나 몸을 훑어보는 연습을 활용해 몸과 마음을 가라앉혀도 괜찮다. 마음에게 어떤 강요도 하지 않는다. 긴장을 풀고 현재 의식을 유지한다.

3 차분하고 편안하게 있겠다는 의도를 상기한다. 몸이 뻣뻣하거나 긴장되거나 불편할 수도 있다. 몸이 편안해지면 좋겠다는 자연스러운 바람을 인지한다.

4 자애가 담긴 구절을 암송하며 몸에 들려준다. 이 문구는 몸을 보살피겠다는 의도를 되새기는 데 유용하다. 단어 하나하나의 의미를 새기면서 천천히 말한다. 숨을 내쉴 때마다 문구를 하나씩 암송해도 좋다. 몸을 보살피는 태도를 기르겠다는 의도로, 다음의 문구를 외운다.
내 몸이 편안하기를.
내 몸이 건강하기를.
내가 몸을 있는 그대로 받아들이기를.

5 주의를 끌어당기는 특정한 신체 부위에 주목한다. 그곳을 의식하며 자애의 문구를 암송한다.

6 문제가 있거나 통증이 느껴지는 부분이 있으면, 그곳으로 의식을 가져간다. 불편함이나 통증을 인식하면서 연민의 문구를 몇 가지 떠올린다. 연민이란 그저 상냥하고 열린 마음으로 고통에 주의를 기울인다는 뜻이다. 다음의 문구를 사용해 본다.
[신체 부위]가 불편함에서 벗어나기를.
이 불편함에 내가 관심을 기울이기를.

내가 이 불편함과 온전히 함께하기를.

7   불편한 감각이나 통증과 잠시 함께한 후, 다시 몸 전체로 의식을
    되돌린다. 또 어떤 부분이 불편하다고 느끼는가? 그 부분을 의식
    하면서 다시 연민의 문구를 암송한다.

8   필요한 만큼 이 연습을 계속한다.

문구와 만트라가 진심으로 다가오지 않을 때

명상에 사용되는 문구는 특정한 의도에 주의를 더 깊이 기울이게 하는
도구이다. 일종의 만트라, 그러니까 집중을 돕는 반복적인 문구인 셈
이다.

이것을 시험해 보기로 마음먹었어도, 이 연습(그리고 다른 연습들)
에 언급된 전통적인 문구들이 진실하게 다가오지 않을 수도 있다. 그
래도 괜찮다는 점을 기억하자. 자신과 자신의 경험을 떠올릴 때 가장
솔직하다고 느껴지는 문구를 만들 수 있고 또 그래야 한다. 나는 이따
금 정직하게 할 수 있는 말이 그것뿐일 때는 '이거 좀 심하네'라고 말
한다. 나는 또 '사랑합니다. 그렇게 계속하세요'라는 표현도 좋아한다.
연습을 하면서 머릿속으로 어떤 문구를 외울 때는 문구에 의식을 둔
다. 여건이 허락한다면 문구를 소리 내 말해도 좋다. 표현을 바꿔 가면
서 힘이 나고, 따뜻하고, 진실하게 느껴지는 문구가 무엇인지 스스로
찾아 보자.

연습 9
주고받기

10분

"통렌을 수련하면 누구도 이해할 수 없는 자기만의 고통 속에 홀로 있다는 환영이 녹아 없어지기 시작한다."_페마 초드론

호흡은 여러 가지 방식으로 이 연습에 도움이 된다. 이를테면 평화와 수용으로 다가가는 수단이 되는 것이다. 이 연습은 '통렌tonglen'이라고 하는데, 이는 티베트 말로 '주고받기'라는 뜻이다. 이 연습에서는 호흡을 활용해 자신과 주변 사람들을 향한 자애와 배려를 함양한다. 이것은 마음챙김뿐 아니라 연민을 기르는 훈련도 된다. 이것을 연습하면서 저항감이 일어나거든 그것을 알아차린다. 마음이 방황하면 의식을 호흡으로 되돌린다.

단계

1   가만히 눈을 감고 현재에 의식을 모은다. 자신이 어디 있는지 알아차린다. 몸에서 무엇이 느껴지는가? 무슨 소리가 들리는가? 지금 어디에 있는가? 지금 이 순간 경험하는 것을 관찰하기만 하면 된다. 달리 아무것도 할 게 없다.

2   호흡을 느낄 수 있는 몸의 특정 지점에 의식을 집중한다. 이 연습

에서는 가슴이 효과적이다. 잠시 몸이 호흡하는 것을 의식하면서 들숨과 날숨이 오가는 것을 느낀다.

3   자기를 받아들이겠다는 의도를 품고, 주고받기를 시작한다. 숨을 들이쉴 때는 자신이 '수용'을 들이쉰다고 상상한다. 내쉴 때는 '자기 판단'이나 '비판'을 몸 밖으로 내보낸다고 생각한다. 이런 식으로 몇 차례 심호흡을 한다.

4   이제 들이쉴 때마다 편안함과 평화를 받아들인다. 내쉴 때마다 스트레스와 불안을 내보낸다. 빛나는 편안함을 들이쉬고, 어두운 스트레스를 내쉬는 모습을 상상해도 좋다.

5   이제 숨을 들이쉬면서 용서를 받아들여 본다. 이를 위해 굳이 어떤 상황이나 이야기를 떠올리거나 합리화할 필요는 없다. 그저 자신을 용서하겠다는 의도를 마음에 품으면 된다. 숨을 내쉴 때는 분한 마음을 내보낸다.

6   이제 용서와 분개는 잊고, 사랑하는 사람들이 당신을 둘러싸고 있는 모습을 상상한다. 단계 3에서 한 '수용'과 '비판' 주고받기로 돌아가되 이번에는 반대로 한다. 숨을 들이쉴 때는 사람들이 자기 자신을 판단하면서 일어나는 고통을 받아들인다. 내쉴 때는 사랑하는 이들에게 수용을 내보낸다.

7   계속해서 숨을 들이쉴 때 다른 사람들의 스트레스와 불안을 들이마시고, 내쉴 때는 그들에게 편안함과 평화를 내보낸다. 사람들의 스트레스가 들어올 공간을 마련하되 그것을 당신이 짊어질 필요는 없다. '받아들일' 때는 그저 사람들도 힘든 일을 겪었다는 사실을 연민의 마음으로 인정하기만 하면 된다.

8   마지막으로 숨을 들이쉬며 자신을 향한 주위 사람들의 분한 마음에 주의를 기울인다. 내쉬면서 그들에게 용서를 발산한다.

9   10분이 지나면 천천히 눈을 뜬다. 몸이 평소의 호흡으로 돌아가게 내버려 둔다. 기억하자. 이 연습은 하루 중 언제든지 할 수 있다.

◉ **다양한 연습법 활용하기**   이 연습은 다양하게 활용된다. 위에서 다룬 것들 외에도 여러 가지 힘든 경험과 긍정적 특성을 골라서 할 수 있다. 아무것이나 떠오르는 대로 해도 좋다. 자기 판단이 일어나는 것을 알아차리면 그것으로 연습한다. 숨을 들이쉬며 자신을 판단하고 있다는 사실을 인식한다. 숨을 내쉬면서 다른 사람들도 자기 판단에서 자유로워지기를 소망한다. 이렇게 하면 자신만의 고통이나 곤경에 빠져 길을 잃지 않을 수 있다.

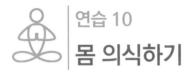

연습 10
몸 의식하기

10분

연습 6에서 다룬 '몸 훑어보기'를 이 훈련의 준비 과정으로 생각하면 좋다. 연습 6에서는 몸을 훑어 내려가면서 각 부분에 잠시 머무르지만 여기서는 의식을 좀 더 열어 몸에서 감정을 느끼고 그 감정에 연민으로 반응하는 데 필요한 토대를 다진다. 몸 훑어보기나 유사한 다른 연습과 마찬가지로 이 연습 역시 하루 중 언제 해도 좋다.

단계

1   편안한 명상 자세를 취한다. 누워도 괜찮지만 피곤해서 졸음이 온다면 바르게 앉는다.

2   몸의 어느 부분에서 호흡이 느껴지는지를 살핀다. 호흡이 가장 강하게 느껴지는 부분을 하나 고르고 마음을 그곳으로 모은다. '들이쉬고, 내쉬고' 같은 간단한 만트라를 써도 좋다. 처음 1~2분 동안은 마음이 차분해지도록 여유를 준다.

3   의식을 열어 몸 전체를 바라본다. 머리에서 발가락까지 어디든 주의를 끄는 부분이 있을 때마다 그것을 알아차린다. 무언가 특별

한 것을 찾으려고 할 필요는 없다. 인내심 있게 호흡하면서 몸에서 어떠한 느낌이 일어나기를 기다린다.

4   어떤 느낌이 일어나거든 그것이 어떻게 느껴지는지 관찰한다. 한 단어로 꼬리표를 붙여서 감각이 일어나는 부위를 식별하는 것도 도움이 된다. 예를 들어 무릎에 통증이 느껴지면 '무릎'이라고 마음속으로 메모하고, 호흡의 감각이 가슴에서 느껴지면 '가슴'이라고 메모한다. 느낌이 '무엇'인지 구별하지는 말고 느낌이 '어디'에서 일어나는지를 구별한다.

5   몇 차례 호흡하면서 그 감각에 주의를 기울이다가, 호흡을 느끼던 부분으로 돌아간다. 다른 감각이 일어날 때까지 계속 호흡을 관찰한다.

6   이런 식으로 호흡과 또 다른 감각을 오가면서 연습을 지속한다. 몸의 다른 부위로 의식을 돌릴 때마다 몇 번 호흡하면서 그곳에 의식을 둔 다음 다시 호흡으로 돌아간다. 호기심 있는 태도로 몸과 더 가까워지고, 몸의 경험을 탐구한다.

🕸   **추가하여 연습하기**   이 연습에 뭔가를 더하고 싶다면 단계 3으로 들어가기 전에 '몸 훑어보기'를 실시한다. 그러면 긴장을 풀어지며 몸의 감각에 더 집중할 수 있다.

몸의 통증으로만 의식이 쏠릴 때

몸에서 지속적인 통증이나 불편함이 있으면 그곳으로만 의식이 쏠릴 수 있다.

이럴 때는 의식을 다른 곳으로 보내려고 아무리 시도해도 통증이 느껴지는 곳으로 돌아가게 된다. 그러면 차라리 그 부위에 의식을 모은다. 어쩌면 애정과 관심이 필요한 부분일 수 있다. 초심자의 마음으로 통증을 바라본다.

몸을 의식하며 연민의 문구를 외우자. 아주 간단하게 '괜찮아' 같은 문구도 좋다.

연습 11
걸음걸이를 의식하기

10분

걷기 명상은 불교의 여러 종파에서 흔하게 사용되는 기법이지만 서양의 명상법에서는 대부분 잊혔다. 저명한 불교 지도자 잭 콘필드Jack Cornfield는 말한다. "걷기 명상법은 걸으면서 깨어 있음을 익히는 것, 자연스러운 걷기 동작을 이용해 마음챙김과 현재에 깨어 있는 태도를 함양하는 것이다." 명상할 때 앉아 있는 몸에 의식을 기울이듯 움직이는 몸에도 의식을 기울일 수 있다.

 단계

1   걷기 명상을 연습하려면 3~5미터 정도 되는 공간을 확보해야 한다. 집 안이나 뜰에서 걸어도 좋고 공간만 충분하다면 어디서나 괜찮다.

2   잠시 가만히 서서 눈을 감는다. 몸의 자세, 바닥에 닿는 발의 감각, 몸의 가벼운 움직임을 느낀다.

3   눈을 뜬다. 어느 쪽 발을 먼저 내딛을지 정한다. 발을 들면서 바닥에서 떨어지는 발바닥의 감각을 느낀다. 발을 앞으로 내딛으면서

바닥에 닿는 발바닥의 감각을 관찰한다.

4   반대편 발을 들면서 앞서와 같은 경험에 주의를 기울인다. 이것이 마음챙김 연습이면서 동시에 집중력 향상 연습이라는 점을 잊지 말자. 마음이 방황하거든 발에서 느껴지는 감각으로 되돌아간다.

5   3~5미터를 걸었으면 주의를 기울이면서 뒤로 돈다. 돌면서 엉덩이, 다리, 몸통이 어떤 움직임으로 돌아가는지를 살핀다. 천천히, 3~4초에 한 걸음씩 걷는다.

6   만트라나 단순한 알아차림 문구를 사용해도 좋다. 발을 들면서 '들고'라고 생각하거나 말한다. 발을 앞으로 내밀면서 '내밀고'라고 생각한다. 발을 내려놓으면서 '내려놓고'라고 생각한다.

7   연습 시간이 다 되거든 잠시 가만히 서 있는다. 명상을 끝내고 일상생활로 돌아가면서 지금 연습한 마음챙김을 어느 정도 유지해 보는 것도 좋다.

걷기 연습을 발전시키고 싶을 때

이 연습은 맨발로 해도 되고 신발을 신고 해도 된다. 어느 쪽도 다 맞다. 자신에게 어느 쪽이 맞는지 시도해 보자. 좀 더 긴 시간 연습할 계획이라면 몸의 다른 부분을 의식하는 방법도 시도해 본다. 다리나 엉덩이의 근육에 주목하거나, 복부 근육의 움직임을 느낀다. 마음이 다른 대상으로 초점을 옮기거든, 그 대상이 무엇인지 마음속으로 메모한다. 마음이 뭔가를 생각하고 있다면 '생각'이라고 메모하고, 뭔가가 눈길을 끌면 '시각'이라고 메모하고, 소리에 의식이 흐트러진다면 '청각'이라고 메모하는 식이다.

마음챙김 걷기에 습관을 들이기 위해 일상생활에서도 걷는 경험에 주의를 기울인다. 버스나 자가용을 타러 걸어갈 때, 직장에서 돌아다닐 때, 집에서 걸을 때 발을 느낀다. 천천히 걷는다. 느리게 걸을수록 집중력이 더 많이 필요하다. 걸음걸이가 빨라지는 것을 알아차리거든, 그것을 신호로 받아들여 속도를 늦추고 연습으로 돌아간다.

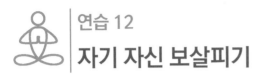

연습 12
자기 자신 보살피기

10분

"우리는 사랑을 구할 필요가 없다. 스스로 만든 내면의 장벽, 사랑을 가로막는 장벽을 모두 찾아내기만 하면 된다." _루미

메타metta, 즉 자애를 연습하면 자신의 마음을 친근하게 대하는 데 도움이 된다. 안타깝게도 생각은 우리가 바라는 대로 되지 않고, 몸 또한 불편한 부분이 늘 있다. 자애 명상은 이런 경험에 직면했을 때 자신에게 좀 더부드럽고 관대한 태도를 취하는 데 도움이 되며, 우리는 명상 수련이나일상생활에서 자신의 마음을 더 명확하게 볼 수 있다. 자애 명상은 외부에서 뭔가를 끌어오는 것이 아니라 이미 자기 마음속에 있는 배려와 애정에 주의를 기울이는 것이다.

 단계

1   편안한 자세로 앉아 가만히 눈을 감는다. 연습 시작부터 내면에서 친절을 불러일으켜 본다. 친근한 태도로 몸을 생각한다. 몸에귀 기울이면서, 자세를 조금씩 바꿔 더 편안해질 수 있는지 시도한다. 잠이 들어서는 안 되지만, 이 연습에서는 조금 더 편안하게있어도 괜찮다.

2   먼저 자신이 행복해지고 싶다는 소망을 인식한다. 그렇다고 행복한 상황이나 이야기를 떠올릴 필요는 없다. 그저 편안하고 안락해지고 싶다는 자연스러운 바람을 느끼면 된다. 자신에게 이렇게 말해 본다. "그래, 행복해지고 싶어."

3   이런 의도를 마음에 품고 자애의 문구를 외운다. 머릿속으로 문구를 천천히 떠올린다. 말에 담긴 의도를 느낀다. 지금 이 순간에 그것을 온전히 느끼지 못해도 괜찮다. 다음과 같은 문구를 사용한다.
     내가 행복하기를.
     내가 건강하기를.
     내가 안전하기를.
     내가 편안하기를.

4   이 문구들을 말하면서 리듬을 발견한다. 숨을 내쉴 때마다 혹은 하나 건너 한 번 내쉴 때마다 문구를 외워도 된다. 문구를 외우면서 그것을 집중의 대상으로 삼는다. 문구와 거기에 담긴 의도에 의식을 온전히 둔다.

5   마음이 방황하거든 머릿속에 있는 문구로 되돌아간다. 자기를 비판하는 생각이나 느낌 혹은 자기를 보살피지 않으려는 생각이나 느낌이 일어나는지 살핀다.

6   편안하다면 시간이 얼마나 걸리든 계속 문구들을 외워도 좋다. 우선 10분으로 시작하고, 차차 늘려 간다.

느껴지지 않을 때

자신에게 친절한 태도를 기르는 훈련을 하다 보면, 때로는 진정으로 '느끼지' 못할 때가 있다. 반대로 사랑과 배려의 느낌이 어마어마하게 강렬해질 수도 있다. 판단하는 마음을 모두 내려놓고 가슴을 열어야 한다.

이것은 하나의 '자질'을 함양하도록 돕는 훈련이다. 연습 시간에 친절이라는 자질이 자연스럽게 배어 나오지 않는다면, 앞으로 그렇게 되기 위해 지금 연습하고 있다는 사실을 잊지 말자.

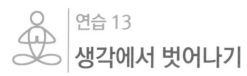

연습 13
생각에서 벗어나기

15분

생각은 우리가 하는 경험의 일부이다. 연습을 위해 생각을 밀어낼 필요는 없다. 생각에서 마음을 되돌리는 법을 배우는 것 자체가 연습이다. 하지만 생각에 끌려갈 때, 거기에서 어떻게 빠져나와야 할까? 이 연습에서는 그런 생각에서 '벗어나' 매달리지 않는 한 가지 방법을 익힌다. 생각을 밀어 내거나 그 존재를 부정하지 않으면서도, 생각하는 마음을 알아차리고 거기에 집착하지 않을 수 있다.

단계

1   앉은 자세에서 눈을 감는다. 마음과 몸의 에너지(혹은 분위기나 파장)에 주목한다. 때로는 마음챙김 연습을 시작하면서 몸과 마음에 남아 있는 그날의 에너지를 알아차릴 수도 있다. 마음이 활동적이라거나 몸이 흥분했다고 느낄 수도 있고, 이전부터 느낀 불안이 아직 남아 있을 수도 있다.

2   스노글로브snow globe를 흔들어 그 안에 있는 것이 빙글빙글 도는 모습을 상상해 본다. 흔들었던 스노글로브를 가만히 두면 작은 눈송이들이 조심스레 바닥으로 떨어진다. 자신이 스노글로브이고

자신의 생각이 눈송이라고 상상한다. 눈송이 하나하나가 바닥으로 떨어지는 모습을 지켜본다. 마음을 억지로 가라앉히려고 하지 않아도 된다. 그저 천천히 자연스럽게 가라앉도록 내버려 둔다.

3   1~2분 뒤에 의식을 호흡으로 가져간다. 호흡이 쉽게 느껴지는 곳을 선택한다. 가슴 가운데나 복부, 어깨가 될 수도 있고 콧구멍이 될 수도 있다. 호흡하는 몸의 감각을 관찰한다. 도움이 된다면 연습 7의 '호흡 헤아리기' 연습을 해도 좋다.

4   몇 분간 호흡을 관찰해도 마음이 방황하거든 처음으로 되돌아간다. 스노글로브의 이미지를 떠올리면서, 생각이 일어나기 시작하면 그것이 천천히 내려앉는 모양을 지켜본다.

5   호흡에 1~2분 집중한 다음에 의식의 범위를 넓혀 생각과 전반적인 마음 상태를 같이 살펴본다. 마음이 방황하면 호흡으로 돌아가는 대신 마음이 무엇을 하고 있는지 '알아차린다.' 마음이 어떤 계획을 세우거나, 공상을 하거나, 뭔가를 알아내려고 하거나, 지나간 경험을 다시 떠올리고 있음을 알아차린다. 그러고는 마음이 무엇을 하든 그냥 내버려 둔다.

6   어떤 생각을 인식했을 때 무슨 일이 벌어지는가? 생각을 이어 나가려고 하지 말고, 그렇다고 밀어내려고 하지도 말자. 그냥 내버

려 두고, 생각이 알아서 흘러가게 둔다. 생각이 자연스러운 궤적을 따라 일어났다가 수그러지는 모습을 지켜본다.

7   호흡으로 되돌아가 다른 생각이 일어날 때까지 참고 기다린다. 생각이 일어나면 알아차리고, 생각을 관찰한 뒤 다시 호흡으로 돌아간다. 이렇게 호흡과 생각을 계속 오간다.

8   일정 시간 생각에 빠져 있거나 마음이 방황하면 그것을 알아차린다. 자기 판단이 일어나거든 다른 생각과 마찬가지로 알아차린다. 언제든 잠시 호흡으로 돌아가 마음을 가다듬은 뒤 연습을 다시 시작해도 된다.

◉   **마음 상태에 주의 기울이기**   마음이 어떤 상태에 들어가든 그것을 알아차려야 한다. 마음이 불안하거나 좌절하면 그렇다는 것을 인정한다. 이런 마음 상태는 구체적인 생각이 일어나지 않아도 나타날 수 있다.

유혹적이고 교묘한 생각에 빠질 때

생각하는 마음은 교묘하게 우리를 유혹하기도 하고, 어떤 생각(혹은 생각의 패턴)은 우리를 빠르게 끌어당기는 힘을 발휘하기도 한다. 어떤 생각은 쉽게 '벗어날' 수 있지만 어떤 생각은 너무 강력해서 그러지 못할 수도 있다. 이런 패턴이 무엇인지, 어떤 부류의 생각이 지속해서 자신의 의식을 장악하는지 인식한다. 이런 생각에 사로잡혀 있는 것을 인지하면, 그 생각에 웃음을 지어 보이고 그냥 계속 연습하면 된다.

연습 14
마음에 활력 주기

10분

명상 연습 중에 멍해지거나 졸음이 오는 경우도 있다. 이 연습에서는 마음이 생기를 되찾고 또렷해지는 방법을 알아본다. 이것을 다른 연습에 도입해 명상에 명료함을 더해도 좋다.

 단계

1 가만히 눈을 감고 편안한 자세를 취한다. 호흡의 느낌에 주의를 기울인다. 몸의 움직임을 느끼면서 들숨과 날숨에 의식을 둔다.

2 마음에 활력을 주는 방법은 호흡에서 시작된다. 숨을 들이쉴 때 에너지와 각성의 느낌을 들이마신다. 몸을 펴고 척추를 곧게 하며 가슴을 연다. 숨을 내쉴 때는 졸음과 산만함을 내보낸다.

3 1~2분 뒤에 눈을 뜬다. 눈에 빛이 들어오게 하면, 명료하고 깨어 있는 상태를 유지하는 데 도움이 된다. 앞에서처럼 호흡을 계속하면서 눈길이 가는 것이 있으면 알아차린다.

4 몇 분간 그렇게 머무르다가 일어선다. 눈을 뜬 채로 두 발로 서서

이제 더욱 각성된 상태를 유도한다.

5 　연습의 마무리로 잠시 몸을 흔들면서 몸속의 에너지를 움직이게 한다. 움직임을 통해 생긴 근육의 온기를 느끼고, 일상으로 돌아간다.

졸음이 올 때

정식 명상을 하다 보면 마음이 졸음에 빠져들려는 것을 알아차릴 때가 있다. 위의 연습을 다른 연습 사이에 배치하면 마음을 좀 더 맑은 상태로 이끄는 데 도움이 된다. 졸음이 오는 것을 느끼거든 그것을 부인하지 말자. 마음이 피곤해한다는 사실을 인식하되 판단하지는 않는다. 마음이 고요한 상태에 머무를수록 졸음은 덜 온다는 사실을 명심하자.

 **연습 15**
감사하기

15분

"좋은 것을 받아들일 때마다 새로운 신경 구조체가 조금씩 만들어진다. 하루에 몇 번씩 이렇게 해서 몇 달 심지어 몇 년이 지나면, 점차 뇌가 바뀌고 자신이 느끼고 행동하는 방식도 큰 영향을 받으며 바뀐다." _릭

핸슨Rich Hanson, 《붓다 브레인: 행복 사랑 지혜를 계발하는 뇌과학Buddha's Brain: The Practical

Neuroscience of Happiness, Love, and Wisdom》 중에서

이 연습은 불교에서 '함께 기뻐하는 마음'을 뜻하는 무디타mudita에서 왔다. 간단히 말하면 애정 어린 태도로 행복을 보살핀다는 뜻이다. 행복을 발견할 때 크게 기뻐하도록 마음을 훈련하면 여러 가지 이점이 있다. 삶이 더 만족스러워지고 행복을 더 쉽게 찾으며, 행복을 중요한 경험으로 받아들일 수 있다.

 단계

1   편안한 자세로 앉아 몸과 마음을 이완한다. 숨을 들이쉴 때마다 그 안에 깃든 생명을 고마운 마음으로 음미한다. 내쉴 때는 마음이나 몸에 있는 긴장을 내보낸다.

2　　최근에 행복하다고 느꼈던 순간을 떠올린다. 친구를 만나거나 저녁노을을 바라본 일 혹은 그저 밤에 잠자리에 눕는 편안함처럼 작은 일이어도 괜찮다. 뭔가가 떠오르거든 그때의 만족감을 다시 느낀다.

3　　감사하는 태도를 기르겠다는 의도로 '함께 기뻐하는 마음'이 담긴 문구 몇 가지를 외운다. 앞에서 떠올린 기억을 가슴에 품은 채 다음의 문구를 자신에게 들려준다.
　　내 행복이 계속되기를.
　　내 행복이 자라나기를.
　　내가 기쁨을 온전히 느끼기를.
　　내가 삶의 기쁨에 감사하기를.

4　　앞서 떠올린 경험이 만족이나 편안함에 가깝다면 거기에 어울리는 표현으로 대체해도 좋다. 자신의 경험이 어떤지는 자신이 가장 잘 안다. 자신에게 솔직해지자.

5　　마음속으로 문구를 말하면서 리듬을 발견한다. 행복에 감사하겠다는 의도와, 기억에서 전해지는 만족감, 문구의 내용에 의식을 집중한다.

6　　5분이 지나면 떠올린 기억과 문구를 보낸다. 이제 최근에 행복한

일을 경험한 주변 사람을 떠올린다. 마음속으로 그 사람을 그리면서 그 사람이 기뻐하며 웃음 짓는 모습을 지켜본다.

7   자신에게 했듯이 그 사람을 떠올리면서 '함께 기뻐하는 마음'이 담긴 문구를 외운다. 그 사람의 행복에 가능한 한 크게 흐뭇해하자. 다음의 문구를 떠올린다.

당신의 행복이 계속되기를.

당신의 행복이 자라나기를.

내가 당신의 기쁨을 함께 느끼기를.

당신이 기뻐하니 나도 기쁘네요.

8   마음이 방황하거든 문구로 되돌아간다. 그 사람이 웃음 짓는 모습을 상상하는 단계로 되돌아가 행복이 일어나도록 한 다음에 문구를 다시 외워도 좋다. 이렇게 5분간 계속한다.

감사하기가 중요한 이유   우리는 일상생활에서 크고 작은 만족스러운 순간을 늘 마주한다. 그럼에도 그것에 진정으로 고마워하지 못하는 경우가 많다. 대신 힘겹고 고통스러운 순간에 매달리고 문제 해결에 집착한다. 이 연습으로 함께 기뻐하는 마음을 배양한다면, 작고 사소한 즐거움에도 마음을 머물게 할 수 있다. 감사하기를 계속 연습하면 살면서 행복을 더 많이 발견할 것이다.

연습 16
마음에 휴식 주기

10분

이 책에 수록된 연습을 하거나 일상적인 하루를 보낼 때, 마음이 초조해지거나 불안해지는 것을 느낄 수 있다. 마음을 늘 다스릴 수는 없지만 조금 편안하게 만들 수는 있다. 이 방법을 배우면 자기 생각과 감정에 '반사적으로 반응'하기보다 '차분하게 대응'하는 데 도움이 된다. 이 연습은 마음이 지나치게 불안정할 때 이를 가라앉히는 훈련이 되고, 힘든 상태를 편안하고 이완된 상태로 전환하는 데 도움을 준다.

단계

1 이 연습은 바른 자세로 앉아서 해도 되고 누워서 해도 괜찮다. 불안이나 스트레스를 느낀다면 눕는 편이 이완에 도움이 된다.

2 심호흡을 몇 차례 한다. 숨을 들이쉴 때는 폐를 가득 채운다. 1~2초 정도 숨을 참았다가 천천히 내쉰다. 숨을 내뱉을 때는 천천히 폐를 끝까지 비우듯 한다.

3 떠오르는 생각을 모조리 다스릴 수 없다는 점을 인정하면서, 마음을 이완하겠다는 의도를 떠올린다. 마음속에 어떤 생각이 있거

든 그냥 내버려 둔다. 마음에게 전한다는 생각으로, 친절이 담긴 간단한 두 문구를 떠올린다.

내 마음이 편안해지기를.

내가 마음을 있는 그대로 받아들이기를.

4 **날숨에 맞춰서** 이 문구를 떠올린다. 한 번 내쉴 때마다 문구를 하나 말한다. 머릿속으로 단어 하나하나를 들으면서 마음을 보살피겠다는 의도를 되새긴다.

5 마음속에 어떤 생각이 일어나기 시작하면 호흡과 문구로 되돌아간다. 고작 문구 하나를 외웠을 뿐인데 마음이 방황할 수도 있다. 그렇다 해도 연습을 계속하면 휴식을 향해 나아가고 있음을 느끼게 된다.

6 연습을 마무리하면서 두 눈을 뜨고 일상으로 돌아간다. 하루 동안 마음을 관찰하면서 마음이 불편해지거나 동요하는 것을 알아차린다.

🌀 **연민으로 전환하기** 마음과 생각은 어떤 순간에 고통이 되기도 한다. 죄책감이나 불안, 슬픔이 엄습하기도 한다. 이럴 때는 위의 문구가 적절하지 않을 가능성도 있다. 그렇다면 연민의 만트라로 전환해 보자. 고통스럽다는 사실을 인정하고, 애정을 담아 고통을 보살피자. 다음의 간단한 문구를 써 본다. "내가 이 고통을 잘 보살피기를."

동요된 마음이 잠잠해지지 않을 때

가끔 아무리 노력해도 마음이 잠잠해지지 않는 경우가 있다. 애를 쓸
수록 마음은 더 동요한다. 과하게 민감해진 마음이 느긋해지지 않으면
그 경험에 대응하는 방식을 바꿔 보자. 마음을 가라앉히려고 애쓰면서
스트레스를 받지 말고, 마음이 지나치게 왕성한 것을 받아들이고 연민
으로 대응하는 데 에너지를 집중한다.

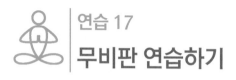

연습 17
무비판 연습하기

15분

'메모하기'는 마음챙김에서 토대가 되는 연습이다. 마음챙김 기반 스트레스 간소(MBSR)와 통찰 명상(위파사나)에서 흔히 하는 메모하기 기법은 지금 일어나는 일에 사로잡히지 않으면서 그것을 또렷하게 관찰하는 데 유용하다. 이렇게 '판단하지 않고 메모하기' 연습은 경험 자체와 경험에 대한 '판단'을 분리하는 훈련에 도움이 된다. 둘을 떼어 내기 시작하면 마음을 내려놓는 훈련이 시작된다.

 단계

1   허리를 바르게 펴고 앉아 눈을 감는다. 호흡을 통해 명료함과 이완된 상태를 몸과 마음으로 맞이한다. 숨을 들이쉴 때는 척추를 곧추세우고 몸에 에너지를 들여보낸다. 숨을 내쉴 때는 모든 것을 내려놓는다. 턱에 힘을 빼고, 어깨를 축 늘어뜨리고, 복부의 근육을 부드럽게 한다.

2   의식의 범위를 넓혀 몸에서 느껴지는 모든 감각을 받아들인다. 연습 10 '몸 의식하기'의 지침에 따라, 몸에서 뭔가가 느껴지는 부분이 어디인지 마음속으로 메모한다. 잠시 그 느낌을 주의 깊게 관

찰한다. 그런 다음 몸에서 느껴지는 다른 감각에도 의식을 연다.

3 몇 분 동안 이렇게 연습한 다음, 마음이 '판단하기'를 시작하면 그 것을 알아차린다. 마음은 어떤 경험과 느낌에 좋거나 옳다는 딱지를 붙이고, 다른 것에는 나쁘거나 잘못됐다는 딱지를 붙인다. 이런 판단을 부추기지 말고 막지도 말자. 일어나거든 그저 알아차린다. 이렇게 몇 분간 지속한다.

4 연습의 범위를 청각으로 확장한다. 어떤 소리가 들리거든 소리를 듣고 있다는 사실을 인식한다. 소리에 대해 판단이 일어나거든 그 것을 인식하되 특별히 뭔가를 하려고 애쓰지 않는다.

5 이제 의식을 연 채 연습을 계속한다. 어떤 소리를 듣거나, 몸에서 뭔가를 느끼거나, 어떤 생각에 사로잡히거든 그 경험을 의식하는 상태에 머무른다. 판단이 일어날 때마다 그것에 이름을 붙이고 그 대로 내버려 둔다. 밀어내려는 충동이 일어나거든 저항하되, 그 이상 관여해서는 안 된다.

6 마무리로 심호흡을 몇 번 하여 의식을 몸으로 되돌린 다음 눈을 뜬다.

판단하는 자신을 판단할 때

이 연습에서 우리는 판단에 직접적인 주의를 기울인다. 판단이 일어나는 것을 알게된 순간, 습관적으로 판단하는 자신을 또 다시 판단하는 반응이 일어날 수 있다. (또, 또 마음이 속임수를 쓰는군!) 이럴 때 가장 도움이 되는 방법은 그런 자신을 보고 웃어넘기는 것이다. 마음은 우스운 것이다. 자신을 너무 진지하게 대하지 말자.

연습 18
네 가지 원소 느끼기

20분

이것은 2,500년 전으로 거슬러 올라가는 수련 방법으로, 평소와 다른 렌즈로 몸을 관찰하는 기회가 된다. 처음에는 이 연습이 어색하게 느껴질 수 있으므로 시간을 좀 넉넉하게 잡는 편이 좋다. 몸속에 있는 네 가지 원소를 깊이 탐구할 여유를 마련하는 것이다. 마음을 열고, 이 연습을 통해 자신에 관해 무엇을 배울 수 있는지 알아보자. 마음챙김이란 명료하게 보는 것임을 명심하자. 명료하게 보기 위해서는 새로운 관점으로 바라보는 것도 좋은 방법이다.

단계

1   긴장을 풀고 앉는다. 눈을 감고, 몸이 접촉하는 부위에 의식을 기울인다. 예를 들어 바닥에 발이 닿는 부분, 무릎에 올려놓은 손이 닿는 부분, 의자에 엉덩이가 닿는 부분 등.

2   땅, 달리 말해 단단한 형상의 원소에서 시작한다. 이것이 무슨 뜻인지 너무 깊이 생각하지 말고, 단단함이 어디에서 어떻게 느껴지는지만 살핀다. 두개골의 구조가 느껴질 수 있고, 앉아 있는 의자가 느껴지기도 하고, 잔뜩 긴장한 다른 신체 부위가 느껴질 수

있으며, 반대로 긴장이 풀린 근육의 무게가 딱딱하게 느껴지기도 한다. 이런 감각들을 대강 훑고 지나가거나 강제로 느끼려 하지 않는다. 몸에서 단단한 땅의 원소가 느껴지거든 심호흡을 몇 번 하면서 그 감각에 머문다. 몇 번의 호흡을 하면서 이런 식으로 찾고, 인식하고, 느끼는 과정을 지속한다.

3   5분이 지나면 공기, 즉 바람의 원소로 바꾼다. 명확한 출발점은 호흡하는 몸이다. 호흡할 때 공기는 어디에서 느껴지는가? 몸에서 빈 공간을 느낄 수 있는 부위를 찾아보아도 좋다. 콧구멍, 입, 귀는 공기 원소를 살펴볼 수 있는 좋은 곳이다.

4   다시 5분이 지나면 의식을 물의 원소로 전환한다. 어디가 됐든 액체의 감각이 느껴지는 곳에 주의를 기울인다. 안구에 있는 물기, 입 안의 침, 몸에서 나는 땀 등을 느낀다. 아니면 유연한 근육이나, 들숨과 날숨의 흐름이나, 혈액의 순환을 느낄 수도 있다.

5   다음으로 몸속의 열기나 불로 의식을 이동한다. 이 원소는 해석의 여지가 있으니, 스스로 찾아보면서 자신이 무엇을 알아차리는지 시험한다. 공기가 피부에 닿는 기온의 느낌이나, 몸에서 유독 더 차갑거나 따뜻한 부분을 살피고 느낀다. 외적으로나 내적으로 온도가 달리 느껴지는 부위가 있는지 살핀다.

6   연습의 마무리로 몸 전체를 잠시 의식한다. 숨을 쉬면서 네 가지 요소가 상호 작용하여 몸을 지지하고 몸에 에너지를 제공하는 것을 느낀다.

간단히 연습하고 싶을 때

좀 더 간편한 연습법을 원한다면, 네 원소 가운데 하나를 골라 거기에 초점을 맞춘다. 특별히 불안하거나 산만한 경우 땅 원소를 느끼는 것이 도움이 된다. 진퇴양난에 빠졌거나 자신이 고집스럽다고 느낀다면 '바람'이나 '물'의 원소가 이를 해결하는 데 도움이 된다. 무기력하게 느껴진다면 내면의 불을 끌어내 보자. 이 연습은 일상에서 할 수 있는 활동 명상의 하나이다. 호흡이나 산들바람을 이용해 바람 원소와 연결되어 볼 수도 있다. 걸을 때 생기는 몸 안의 열기를 활용해 불에 연결될 수도 있다. 네 원소는 항상 우리 몸과 세상 곳곳에 있다. 그것들을 알아보고 경험하는 다양한 방식을 자유롭게 탐구한다.

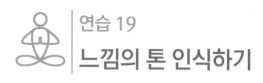

연습 19
느낌의 톤 인식하기

20분

어떤 경험을 할 때마다 느낌의 톤을 인식하면, 그 경험을 더 깊이 들여다볼 수 있다. 느낌의 톤은 감정이 아니다. 느낌의 톤이란 우리가 무언가를 경험할 때 일어나는 유쾌하거나 불쾌하거나 중립적인 감각을 가리킨다. 느낌의 톤은 감각으로 인식되는 것이면 무엇에든 따라붙는다. 느낌의 톤을 알면 경험의 본질을 더 깊이 통찰할 수 있다.

 단계

1   편안한 자세로 앉는다. 눈을 감고 호흡의 감각에 집중한다. 연습 7 '호흡 헤아리기'를 활용해서 마음을 모아도 된다. 처음 몇 분간은 호흡에 집중하면서 온전한 마음챙김의 상태로 들어간다.

2   의식의 범위를 넓혀 몸 전체를 느낀다. 연습 10 '몸 의식하기'에서 했듯이 몇 분간 몸에서 무엇이 일어나는지 그저 알아차리기만 한다. 무엇이 좋고 나쁘다는 판단을 하지 않는다. 몸의 느낌이라는 실제 경험에 주의를 기울일 뿐이다.

3   몸의 감각을 알아차리고 있는 상태에서 의식을 좀 더 열어 느낌의

톤을 받아들인다. 몸에서 일어나는 감각을 인식하고, 그 경험이 유
쾌한지 불쾌한지 중립적인지 살펴본다. 원한다면 연습 6 '몸 훑어
보기'를 하면서 몸의 각 부위에서 느껴지는 톤을 알아차린다.

4   5분이 지나면 듣는 감각 연습을 시작한다. 소리가 의식에 들어오
    면 듣고 있다는 사실을 마음속으로 메모하고, 느낌의 톤을 관찰
    한다. 이런 식으로 몸과 소리를 5분간 의식한다.

5   마지막으로 생각을 연습에 추가한다. 정확히 무슨 생각을 하고 있
    는지 깊이 파고들 필요는 없다. 어떤 생각이 일어나거든 그저 그
    사실을 인식하고 그 생각에 따라오는 느낌의 톤(유쾌한지, 불쾌한
    지, 중립적인지)을 살핀다. 그런 뒤 다시 의식을 열고 다음 경험이
    일어나기를 기다린다.

6   의식을 개방한 상태로 현재에 머무르다 보면 마음이 방황할 여지
    가 생길 수도 있다. 언제든지 호흡을 닻으로 삼아 되돌아갈 수 있
    다는 점을 잊지 말자. 주저하지 말고 1~2분 동안 호흡으로 주의
    를 돌려 마음을 모은다.

7   심호흡을 몇 번 한 다음 눈을 뜬다. 남은 하루를 보내면서 보고 듣
    고 생각하는 것에서 느낌의 톤을 인지할 수 있는지 살펴본다.

변화에 마음을 열자　느낌의 톤은 확고하거나 고정된 것이 아니다. 어떤 경험에 대해 어느 순간에는 유쾌하다가도 시간이 지나면 불쾌함을 느낄 수 있다. 초심자의 마음을 떠올리면서 호기심과 열린 마음을 유지한다.

어떤 느낌의 톤인지 잘 모를 때

어떤 경험은 느낌의 톤이 분명하지 않다. 일반적으로 느낌의 톤을 유쾌하거나 불쾌하거나 중립적인 것으로 나누지만, 그 외에도 다양한 느낌의 톤이 있을 수 있다. 하지만 느낌의 톤을 모르겠거든 '모르겠다'고 말하면 된다. 이것저것 뒤섞여 있다고 느껴지면 '섞여 있다'고 말해도 좋다. 느낌의 톤이 분명하지 않은데 이를 명확하게 하려고 애쓴다고 그것이 분명해지지는 않는다. 자신에게 솔직해지고, 자기 경험을 존중하자.

연습 20
감정적 경험에 집중하기

15분

"우리에게는 특별한 역사와 조건으로 형성된 몸과 마음이 있으며 이것은 유일한 것이다. 어느 누구도 모든 상황과 모든 마음 상태를 다루는 공식을 제시할 수 없다. 늘 새롭게 내면에 귀를 기울여야만 특정 시점에 치유와 자유로 다가가는 데 무엇이 가장 이로운지를 판단할 수 있다." _태라 브래치Tara Brach, 《삶에서 깨어나기True Refuge: Finding Peace and Freedom in Your Own Awakened Heart》 중에서

감정은 매우 복잡한 현상이다. 이를 쉽게 풀이하자면 신체의 감각과 생각의 패턴이 결합된 것이다. 감정적 경험에 주의를 기울이면, 감정을 허물고 감정의 영향력에서 벗어날 수 있다. 지혜와 애정이 있으면, 감정에 지배되기보다는 감정을 내려놓을 수 있게 된다.

단계

1   편안하면서 마음챙김에도 좋다고 느껴지는 자세를 찾는다. 보통 자신에게 가장 잘 맞는 자세가 무엇인지 이미 알고 있겠지만, 열린 마음으로 자세를 수정해 본다. 잠시 몸과 몸에서 느껴지는 감각을 살펴본다.

2   최근에 기쁘거나 행복하다고 느낀 경험을 최대한 자세하게 떠올린다. 마음속으로 그 경험을 그려 보면서, 그 경험이 몸과 마음속에 자리하도록 공간을 마련한다.

3   감정적 경험과 함께하는 상태에서 그것을 면밀하게 탐구한다. 이기쁨은 과연 무엇인가? 몸에서 무엇이 느껴지는지 알아차린다. 어깨가 이완되거나, 호흡이 부드러워지고 깊어지거나, 가슴이 따스해지는 것을 알아차릴 수 있다. 느껴야 하거나 느끼지 말아야할 것은 없다. 그저 기쁨의 경험이 몸에서 어떻게 나타나는지 인식하면 된다.

4   신체 감각에 따라오는 마음 상태에 주의를 기울인다. 기쁜 기억에 머무르는 동안 마음속에서 무슨 일이 일어나고 있는가? 마음이 차분한지, 활발한지, 동요했는지, 편안한지를 알아차린다. 옳거나 틀린 답은 없다. 기쁨의 경험에 익숙해지자.

5   이제 최근에 겪은 불쾌한 경험을 떠올리고 앞서와 똑같이 한다. 예를 들어 스트레스를 받았거나, 불안했거나, 좌절했거나, 아니면 슬펐던 순간일 수 있다. 격한 말다툼이나 직장 내 갈등처럼 격앙된 경험은 걸러 낸다. 그 대신 운전하는데 차가 밀렸다거나 북적이는 사람들 틈에서 먹을거리를 구입한 일처럼 조금 사소하게 불쾌했던 일에서 시작한다.

6   각각 몇 분을 할애하여 몸과 마음의 경험을 탐구한다.

7   몸으로 주의를 돌려 1분간 호흡을 의식하면서 연습을 마무리한
    다. 심호흡을 몇 차례 하면서 마음에 휴식을 취한 뒤에 눈을 뜬다.

감정이 떠오르지 않거나, 반대로 떠나지 않을 때

과거의 경험을 의도적으로 떠올리는 대신, 의식을 열어 놓은 상태로
앉아 있다가 무엇이건 감정이 일어나면 그것을 대상으로 위의 방법을
적용해도 좋다. 마음챙김 상태에서 인내심 있게 기다리다 보면 감정이
일어나고 수그러드는 것을 관찰할 기회가 온다. 감정이란 본질적으로
잠시 머무를 뿐이라는 사실을 인식하면 거기에 덜 집착할 수 있다. 감
정적 경험을 한다는 것을 알아차릴 때마다 잠시 하던 일을 멈추고 이
연습을 해도 좋다.

연습 21
안정성과 유연성 기르기

15분

"평정심의 현대식 정의: 냉정함. 어떤 상황에서도 안정되고 침착한 마음 상태를 가리킨다." _앨런 로코스Allan Lokos,《주머니 속 평화Pocket Peace: Effective Practices for Enlightened Living》중에서

평정심이란 어떤 경험의 한가운데서 안정되고 흔들리지 않는 자질이다. 고통을 알아차릴 때 연민으로 대응하고, 뜻밖의 일을 당해도 균형을 잃지 않는 것이다. 평정심 연습으로 안정되고 유연한 마음 상태를 배양할 수 있다. 심지어 격앙된 감정 속에서도 가능하다.

 단계

1   눈을 감고 자세를 잡은 뒤 현재의 경험에 의식을 모은다. 소리, 몸의 감각, 전반적인 마음 상태를 알아차린다.

2   의식의 범위를 넓힌다. 어떤 자극이 생기면 마음에 주의를 기울이면서 균형이 깨지는 시점을 인지한다. 어떤 소리나 생각, 신체 감각은 너무 강렬해서 차분한 마음 상태를 무너뜨릴 수 있다. 이렇게 5분간 균형을 의식하면서 앉아 있는다.

3   아주 아끼는 사람을 떠올린다. 그 사람을 보살피고자 하는 자신의 의도를 되새긴다. 그 사람을 사랑하기는 하지만 그 사람의 행복을 조종할 수 없음을 인식한다. 평정심이 담긴 문구 몇 개를 외운다.

당신이 행복하기를.

당신이 행복의 주인이 되기를.

당신의 행복은 나의 소망이 아니라 당신의 행동에 달려 있습니다.

4   5분이 지나면 또 다른 아끼는 사람을 떠올린다. 지금 고통이나 아픔을 겪고 있는 사람을 떠올리는 게 좋다. 그 사람을 돌보려고 하면서도 안정된 마음 상태를 유지한다는 의도를 잊지 말고, 연민과 평정심이 담긴 문구 몇 개를 외운다.

당신이 고통에서 벗어나기를.

당신이 행동으로 그 아픔을 돌보기를.

당신의 평안은 나의 소망이 아니라 당신의 행동에 달려 있습니다.

5   마지막으로, 최근에 기쁜 일이나 성공을 경험한 사람을 떠올린다. 평정심을 유지하면서, 함께 기뻐하는 마음이 담긴 문구 몇 개를 외운다.

당신의 기쁨이 계속되기를.

당신이 기쁨의 주인이 되기를.

당신의 기쁨은 나의 소망이 아니라 당신 손에 달려 있습니다.

6 이렇게 몇 분 동안 가슴으로 몇 가지 문구를 외운 뒤, 현재 경험으로 의식을 되돌렸다가 눈을 뜬다. 당신의 행복은 당신의 손에 달려 있음을 인식한다. 이런 연습을 하면서 스스로 행복을 이끌어 내려고 노력하는 것에 자부심을 느낀다.

무감각에 빠질 때

평정심에는 '유사 적near enemy'이라는 것이 있다. 이는 평정심과 비슷해 보이지만 실제로는 도움이 되지 않는 자질을 뜻한다. 평정심의 유사 적은 '무감각'이다. 이는 전혀 상관하지 않는 태도다. 평정심은 어떤 경험에 관심을 보이되 안정된 마음으로 주의를 기울이는 것이지만, 무감각은 경험을 아예 외면하고 전혀 신경쓰지 않는 것이다. 연습할 때 무감각이나 무관심에 주의해야 한다. 무감각이 찾아오거든 자애의 문구로 돌아가서, 자연스럽게 관심을 기울이는 마음을 되살린다.

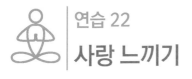 **연습 22**
사랑 느끼기

20분

이 연습에서는 다른 사람으로부터 보살핌을 받을 수 있도록 마음을 여는 또 다른 방법을 알아본다. 시각화 기법으로 사랑받고 보살핌을 받는 연습을 한다. 그로써 사랑을 받아들이고 자신의 타고난 가치를 인식하는 힘이 자란다.

 단계

1   편안한 자세를 취하고 두 눈을 감은 뒤, 오늘 연습에 친절한 태도로 임하겠다고 각별히 다짐한다. 몸을 이완시키고 마음을 편안히 가라앉힌다.

2   가장 아끼는 사람을 한 명 떠올린다. 가족이나 좋은 친구일 수 있고, 일종의 멘토일 수도 있다. 그 사람이 당신 앞에 서서, 자애의 문구를 당신에게 전하는 모습을 상상한다. 당신은 그저 그 사람의 소망을 받아들이기만 하면 된다. 5분간 이런 식으로 그 사람의 뜻을 받아들인다.

3   자신이 아끼는 사람을 한 명 더 추가한다. 이제 두 사람이 당신의

행복을 바라며 외우는 문구를 받아들이고, 그들이 당신을 아끼고
사랑하는 마음이 당신의 의식 깊이 침잠하게 한다.

4 몇 분 뒤에 한 사람을 더 추가한다. 이런 식으로 천천히 사람들을
불러와 사람들 한 무리가 당신 앞에 서서 자애의 문구를 말하는
모습을 상상한다. 열린 마음으로 그들의 소망을 받아들이려 한다.

5 연습이 끝날 때가 되면 이 경험을 상냥하고 다정하게 음미한다.
천천히 눈을 뜨고 인내심 있고 친절한 자세로 일상에 복귀한다.

사랑받는 느낌이 불편할 때

사랑을 받으려고 하다 보면 마음과 가슴이 불편해질 때도 있다. 어쩌
면 그런 애정과 친절을 받을 가치가 없다고 느끼기 때문이다. 가슴이
닫히기 시작하거나, 이러저러한 이야기로 마음이 산만해지면, 이를 알
아차려야 한다. 누군가의 사랑을 받을 때 몸에서 느껴지는 감각으로
주의를 되돌려 보자. 사랑받을 때 느끼는 구체화된 감각에 이를 수 있
도록 노력한다.

연습 23
집중력 기르기

연습 7 '호흡 헤아리기'에서 우리는 호흡을 세면서 짧은 시간 동안 마음을 집중하는 방법을 배웠다. 이 연습에 좀 더 시간을 할애하면 더 깊은 마음 챙김 수련에 도움이 된다(일상생활에도 유용하다). 호흡 헤아리기에서 시작해, 청각을 통해 집중력을 강하게 하는 연습을 시도해 보자.

1   자세를 가다듬은 다음 호흡을 세는 연습으로 시작한다. 호흡하는 몸의 감각에 주의를 집중하고, 마음이 방황할 때마다 호흡으로 되돌아간다. 이렇게 5분간 계속한다.

2   숫자 세기는 그만두고 호흡에만 주의를 기울인다. 온 정신을 모아 호흡에 집중하면서, 숫자를 세지 않고도 집중할 수 있는지 살펴본다. 5분간 계속한다.

3   이제 의식을 청각으로 전환한다. 주변에서 비교적 안정되게 들리는 잡음을 고른다. 길거리에서 들리는 가벼운 소음일 수 있고, 전등이나 전기 제품의 웅웅거리는 소리일 수도 있고, 귀에서 들릴

듯 말 듯 윙윙 울리는 정체불명의 소리일 수도 있다. 청각을 집중의 대상으로 삼는다. 마음이 방황하거든 그 소리로 되돌아간다.

4 5분이 지나면 눈을 뜬다. 주의를 집중할 수 있는 대상을 찾는다. 그것을 호기심 있게 바라보면서, 그 물체를 구석구석 세세하게 관찰한다. 외형, 색깔, 질감 등에 집중하면서 다른 시각 자극이나 청각 자극 혹은 생각으로 마음이 흐트러지면 그 물체로 주의를 되돌린다. 이렇게 마지막 5분을 연습한다.

마음이 산만할 때

집중력을 훈련하다 보면 '원숭이 마음'이는 현상을 경험한다. 이는 이 나무에서 저 나무로 뛰어다니는 원숭이처럼 마음이 이리저리 움직일 때를 가리킨다. 산만한 원숭이 마음이 되면 의식을 열어 생각을 받아들여 본다. 집중력을 기르겠다는 의도로 이 연습을 시작했지만, 중간에 '생각의 마음챙김' 연습으로 전환해도 괜찮다. 일어나는 생각을 인식하고, 그것을 환영하며 밀어내지 않는다.

연습 24

열린 의식 명상 연습하기

25분

이 연습은 전통적인 마음챙김 명상으로 사람들이 흔히 '명상'이라는 말을 들을 때 떠올리는 것과 비슷하다. 현재에 느껴지는 감각, 느낌의 톤, 전반적인 경험에 마음챙김을 적용하는 것으로, 진정한 열린 의식 연습법이다. 전 세계 수많은 명상가들이 이 연습을 마음챙김 수련의 초석으로 생각한다. '열린 의식 명상'은 앞에서 다룬 몇 가지 짤막한 연습을 결합한 것이다. 이 연습을 하는 동안 자신에게 무슨 경험이 찾아오든 이를 받아들이면서 열린 의식을 유지해야 한다.

단계

1 간단하게 몸 훑어보기부터 한다. 머리에서 발가락까지 의식을 이동하면서 몸의 각 부분에 가만히 주의를 기울인다.

2 몸 훑어보기를 마쳤으면 몸의 감각으로 의식의 범위를 넓힌다. 긴장, 통증, 부드러움, 꼼지락거리고 싶은 욕구 혹은 어떤 감정이나 느낌이 의식에 들어올 수 있다. 무엇이 주의를 *끄는*가? 5분간 주의 깊게 몸을 관찰한다.

3 의식을 열어 청각을 받아들인다. 어떤 소리가 의식에 들어오거든 자신이 듣고 있다는 것을 인식한다. 5분간 인내심 있게 앉아 현재의 소리와 몸의 감각을 알아차린다.

4 의식을 더 열어 생각하는 마음을 받아들인다. 생각, 감정적 경험, 일반적인 마음 상태가 의식에 들어올 수 있다. 어떤 것이든 마음의 경험을 받아들이고 있다는 사실을 알아차린다.

5 마지막으로 느낌의 톤 알아차리기를 한다. 열린 마음을 유지하면서 받아들이겠다는 의도를 마음에 품는다. 의식에 무엇이 자리하고 있는지, 그것이 어떤 느낌인지 알아차린다. 마음이 그 경험에 반응하고 있다면, 반응 역시 연습의 일부분으로 삼는다.

6 연습을 마무리하고 일상으로 돌아가면서, 열린 의식을 어느 정도 유지한다.

하루를 열린 의식으로 보내기 이 연습을 마음챙김 명상의 한 부분으로 매일 하는 것도 좋다. 하루 중 하던 일을 멈추고 잠시 짬을 내어 이 연습의 5단계부터 시작하자. 자신이 경험하는 것 전체에 의식을 열고 1~2분 동안 주의를 기울이며 의식에 무엇이 자리잡고 있는지, 느낌의 톤은 어떤지를 느낀다. 이렇게 하면 스트레스를 받거나 지루한 순간에 의식을 '현재의 경험'으로 되돌릴 수 있다.

생각이 너무 많아질 때

열린 의식 마음챙김 연습을 하다 보면 때때로 의식을 너무 많이 열었다고 느낄 때가 있다. 아무것이나 일어나는 대로 받아들이려고 하다 보면 너무 느슨해지거나 풀어졌음을 느낄 수 있는 것이다. 마음은 느슨해지면 무작위로 생각의 타래를 풀어내기도 한다. 이런 일이 벌어지면 오감(보통 듣기가 효과적이다) 중 하나의 감각에 초점을 맞춰 의식을 다소 좁혀 본다. 이런 식으로 마음을 되돌릴 때마다 마음챙김과 집중이라는 정신 근육이 강화되고 있음을 이해하자.

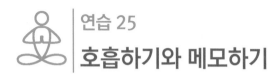 연습 25
호흡하기와 메모하기

25분

> "어떤 대상을 잘 알아차릴 때마다 기쁨이 일어난다. 그 결과 연습이 즐거워진다." _마하시 사야도Mahasi Sayadaw, 《위빳사나 수행방법론Manual of Insight》 중에서

이번 연습은 열린 의식으로 마음챙김을 연습하는 또 다른 방법이다. 의도적인 집중과 열린 의식을 결합하는 것으로, 미얀마 승려인 마하시 사야도 Mahasi Sayadaw에게 영감을 받아 생겼다. '호흡하기와 메모하기'는 전 세계 마음챙김 수련자들 사이에서 인기 있는 연습법이다.

 단계

1   편안한 자세를 취하고 두 눈을 감는다.

2   의식을 호흡에 집중한다. 도움이 된다고 느끼면 숫자 세기 연습으로 시작해도 좋다.

3   몸의 한 부분을 골라 그곳에서 호흡을 느끼면서 '들어오고'와 '나가고'라는 간단한 말로 들숨과 날숨을 마음속으로 메모한다. 이렇게 5분간 계속하면서 마음을 가라앉힌다.

4   들숨과 날숨을 계속 의식하면서 몸 전체로 의식을 넓힌다. 숨을 내쉰 뒤에는 몸에서 감각이 느껴지는 한곳을 마음속으로 메모한다. 예를 들어 다음과 같이 할 수 있다. '들어오고, 나가고, 발.' '들어오고, 나가고, 가슴.'

5   5분이 지나면 의식에 청각을 받아들인다. 들숨과 날숨은 계속 메모한다. 그러면서 몸의 감각이나 소리가 의식에 들어오거든 그것도 마음속으로 메모한다.

6   다음으로, 의식을 넓혀 '생각하는 마음'을 받아들인다. 이제까지 한 것처럼 호흡을 계속 메모한다. 숨을 내쉴 때 생각이나 몸의 감각이나 들리는 소리가 없는지 살펴본다.

7   마지막으로 느낌의 톤을 더한다. 계속해서 호흡을 메모하면서, 숨을 내쉴 때마다 몸의 감각이나 잡음, 생각, 느낌의 톤을 마음속으로 메모한다.

어찌해야 할지 몰라 스트레스를 받을 때

이 연습을 하다 보면 어찌해야 할지 모른다고 느끼거나 스트레스가 일어나는 것을 알아차릴 수 있다. 그러면 그것을 환영하고 연습의 한 부분으로 삼는다. 호흡을 더 천천히 하여 몸과 마음이 더 이완되게 하거나, 호흡 헤아리기 연습으로 되돌아가 잠시 휴식을 취한 뒤 다시 의식을 열어도 좋다.

2부

일상생활에서 하는
마음챙김

명상은 마음챙김 수련을 뿌리내리게 하고

지속적인 통찰을 일상생활에 스며들게 하는 강력한 수단이다.

그렇다고 종일 앉아서 명상만 할 수는 없다.

그래서 마음챙김이 중요하다.

마음챙김을 일상의 영역에 두면

더 안정되게 현재에 머무를 수 있다.

2부에서는 하루를 보내면서 친절하고 현명한 태도로

현재에 머무르는 데 도움이 되는 연습들을 살펴본다.

연습을 거듭할수록 실천이 쉬워진다.

명심하자. 이것은 '연습'이다.

마음을 단련하는 데는 인내심과 끈기가 필요하다.

연습 26

의식의 방아쇠 사용하기

5분

마음챙김을 실행하면서 가장 까다로운 부분은 연습해야 한다는 사실을 '기억'하는 것이다. 그런 까닭에 '의식의 방아쇠'는 습관 형성에 도움이 된다. 이 방법을 하루 중 몇 번이고 사용하면서 다양한 방아쇠를 적용해 보고 여러 가지 마음챙김 연습을 하는 것도 괜찮다.

🏵️ 단계

1   아침에 자리에서 일어나 그날 여러 차례 일어날 만한 일이나 행동 중 하나를 고른다. 이를테면 전화벨 소리, 책상 앞 의자에 앉는 행위, 눈에 자주 띄는 특정한 색을 보는 경우 등이다.

2   그 일이나 행동을 그날 의식의 방아쇠로 사용하겠다는 분명한 의도를 설정한다. 잠시 목표와 바람을 떠올리고 마음에 새겨, 하루 동안 마음챙김을 의식하면서 보내도록 준비한다.

3   의식의 방아쇠로 정한 일이나 행동이 생길 때마다 잠시 멈춰서 마음챙김 연습을 한다. 1부에 있는 연습 중 어느 것을 사용해도 좋다. 호흡에 집중하기, 접촉 지점 관찰하기 혹은 이 책의 연습법

중 자기에게 가장 맞는 것을 사용해도 좋다.

4   일정 시간 현재 의식에 머무른 다음에는 다시 일상으로 돌아간다. 그날 방아쇠를 마주칠 때마다 잊지 말고 현재 순간에 주의를 기울인다.

적절한 방아쇠 찾기   이 연습에 쓸 수 있는 방아쇠는 도처에 많다. 자신의 생활 환경을 떠올리며 방아쇠를 자유롭게 고른다. 컴퓨터 앞에서 일한다면 이메일 수신을 방아쇠로 써도 좋다. 야외에서 시간을 많이 보낸다면 얼굴에 바람이 느껴지는 때를 방아쇠로 삼아도 좋다. 가장 효과적인 방아쇠를 찾을 때까지 여러 가지를 시험하고 적용한다.

연습 27

마음챙김으로 하루 시작하기

5분

마음챙김을 일상으로 확대하는 가장 좋은 길은 하루를 마음챙김으로 시작하는 것이다. 사람들은 흔히 아침 일과를 허겁지겁 해치우느라 잠시 멈추어 현재에 머무르지 못한다. 이 연습은 하루를 마음챙김의 순간으로 시작해 남은 시간에도 마음챙김을 실천하는 데 도움이 되는 방법이다.

1   잠에서 깨어나면 몸을 일으키기 전에 잠시 그대로 있는다. 알람 시계를 사용한다면 시계에 이렇게 하라는 내용의 메모를 붙이면 좋다.

2   자리에 누워 몸에 의식을 기울인다. 몸이 쉬는 것을 느끼고, 몸을 움직이고 스트레칭하면서 그 느낌을 알아차린다.

3   의식을 호흡으로 가져간다. 심호흡을 몇 차례 하면서, 자신이 잠에서 깨어났고 호흡하고 있다는 것을 인식한다.

4   자리에서 일어나 하루를 시작하면서 어느 정도 마음챙김 의식을

유지하려 노력한다. 늘 똑같은 일을 하다 보면 마음이 자동 반응 상태에 빠져들기 쉽다. 현재 의식을 놓치거든 이를 알아차리고, 마음챙김 상태로 되돌아간다.

아침에 여유가 생기지 않을 때

아침은 흔히 혼란스러운 시간이다. 출근 준비를 하고, 아이들을 챙기고, 멍한 뇌를 깨우다 보면 진정으로 그 순간에 머무르기가 어렵다. 그러기에 각별한 노력과 친절한 태도가 필요하다. 우리를 문제에 빠지게 하는 시간과 장소가 연습에는 가장 좋은 기회가 된다. 마음과 몸이 스트레스를 향해 나아가고 있다면, 이를 알아차려야 한다. 뭔가를 할 필요는 없다. 벌어지는 상황을 인내심을 있게 바라보기만 하면 된다. 관찰만 해도 그것을 더 깊이 이해하는 데에, 그리고 앞으로는 그런 일이 덜 일어나게 하는 데에 도움이 된다.

연습 28
창조적인 상태에 머무르기

10분

하루 중 잠시 시간을 내서 창조적인 상태에 머무르면 삶의 모든 면에서 긍정적인 효과를 지속적으로 만들 수 있다. 창의성은 자기를 잘 알고, 스트레스를 해소하며, 문제를 더 쉽게 해결하는 데 도움이 된다. 게다가 우리는 창조적 욕구를 채우면서 마음챙김을 배양할 수도 있다. 자신이 선택한 창조적 활동과 연계하여 이 연습을 하자. 언제든지 하던 일을 잠시 멈추고 이 기법을 적용해 현재 의식에 머무르도록 훈련할 수 있음을 명심하자.

단계

1   백지와 펜을 준비한다. 크레용이나 매직펜, 색연필 등 사용하고 싶은 것을 고른다. 이 연습에 10분을 배정한다. 몰입에 도움이 된다면 타이머를 설정해도 좋다.

2   지금 이 순간 경험하는 모든 것에 의식을 모은다. 손에 쥔 펜을 느끼고, 종이를 보고, 마음에 지나가는 생각을 알아차린다. 자신의 창조적 재능에 관해 어떤 판단이 생기면 바로 알아차린다.

3   그리기 시작한다. 걸작을 그리려는 게 아니다. 막대기든 낙서든

상관없다. 원하는 대로 그린다. 행복한 추억이나 장면 혹은 지금 눈에 띄는 것도 괜찮다.

4   그림을 그리면서 그 대상을 알아차린다. 대상이 사람이라면, 사람을 그리고 있다는 것을 알아차린다. 대상이 움직이면, 그것을 알아차린다. 어떤 감정이 일어나든 주의를 기울이고, 그 그림이 행복한지, 슬픈지, 즐거운지, 아름다운지 등을 살핀다.

5   판단이 일어나지 않는지 각별히 주의해 살핀다. 당신이 아무리 창의적이라 생각해도 마음은 당신에게 그렇지 않다고 비판할 수 있다. 마음에게 의견을 들려줘서 고맙다고 한 다음 계속 그린다.

6   10분이 지나면 펜을 내려놓는다. 자신의 그림을 보면서 하나하나 자세히 살펴본다. 선, 형태, 그림 전체를 본다. 이번에도 생각이나 판단이 일어나거든 알아차린다. 그림을 보관해도 괜찮고 그냥 버려도 상관없다. 결과가 아니라 활동 자체가 핵심이다.

⚫ **창조적 분출구**   이 연습은 어떤 형태의 창조적 활동에도 적용할 수 있다. 색칠용 그림책에 칠을 하거나, 사진을 찍거나, 악기를 연주하거나, 춤을 춰도 좋다. 유일한 제약은 스스로 가하는 것뿐이다. 그저 10분간 판단에서 자신을 풀어 주고 열정을 따라가도록 내버려 둔다.

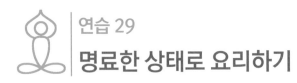

15분

연습 29

명료한 상태로 요리하기

"요리는 아이의 놀이이면서 동시에 어른의 기쁨이다. 관심을 담아 하는 요리는 사랑의 행위이다." _크레이그 클레이번Craig Claiborne, 《뉴욕타임스 요리책The New York Times Cookbook》중에서*

요리나 식사 준비는 음식과 따뜻한 관계를 형성하기에 좋은 기회이다. 식사를 준비하면서 우리는 음식뿐 아니라 몸과 마음에도 마음챙김을 적용할 수 있다. 간단한 식사를 만들든 잔치를 벌이든, 이 연습을 활용해 지금 이 순간에 머무르는 훈련을 하자.

단계

1   연습은 냉장고나 저장실에서 식재료를 꺼내기 전부터 시작된다. 준비하려는 식사를 마음속으로 그린다. 완성된 식사 전체의 모습과 각 재료를 모두 떠올린다. 자신이 이 식사를 어떤 의도로 준비하려는지 알아차린다.

2   조리에 필요한 재료를 준비하는 몸에 주의를 기울인다. 부엌 여기저기를 움직이며 재료를 잡는 몸의 감각을 느낀다. 마음챙김을

좀 더 쉽게 할 수 있도록 평소보다 조금 천천히 움직인다.

3   썰고, 젓고, 재료를 준비하면서 각각의 행동에 집중한다. 가스레
     인지 불을 켤 때도 그냥 켜지 말고, 그 동작을 온전히 의식하면
     서 경험한다. 무엇을 하든지 지금 하는 일에 온전히 주의를 기울
     인다.

4   감각을 활용한다. 뭔가가 들리거나, 몸에 닿거나, 맛이나 냄새를
     느끼거나, 뭔가가 보이면 그것을 알아차린다. 끓는 물을 눈으로
     보고, 열기를 느끼고, 소리를 듣는다. 채소를 썰 때는 써는 소리에
     귀를 기울이고, 손에 쥔 도구를 느끼고, 냄새가 나면 그것을 알아
     차린다. 오감을 다 이용해 현재에 머무르며 감각을 알아차린다.

5   식사 준비를 마치면, 잠시 동작을 멈추고 그 경험을 음미한다. 자
     신이 쏟은 노력을 인식한다. 음식 재료가 부엌에 오는 데까지 사
     용된 에너지를 떠올리고 이에 감사한다. 음식을 다른 사람에게 대
     접할 생각이라면, 자신이 사랑하는 사람들에게 영양을 제공하고
     있다는 사실을 떠올린다. 마음을 열고 감사함을 느낀다.

연습 30
마음챙김 대화하기

15분

인간은 사회적인 존재이다. 그 누구와도 접하지 않고 하루를 보내는 사람은 드물다. 가족이 있을 수도 있고, 룸메이트와 함께 살 수도 있고, 일하는 동안 동료와 교류할 수도 있다. 우리는 말을 하면서 자기가 하는 말에, 그것이 사람들에게 미칠 영향에 그리고 자신의 의도 각각에 마음챙김을 적용할 수 있다. 이 연습은 고작 몇 분밖에 안 걸리고 언제든 할 수 있다. 전화를 하거나 사랑하는 이에게 말을 하거나 혹은 다른 대화를 하면서 이 연습을 하루에 한두 번 적용해 보자.

 단계

1   말하기 전에, 마음챙김을 실천하겠다는 의도를 떠올린다. 자기가 하려는 말을 왜 하려는지 자문한다. 그보다 더 친절하게 혹은 인내심 있게 말할 가능성은 없는지 생각한다.

2   자신의 말이 그 순간에 적절하고 쓸모 있는지 고려한다. 우리는 그저 불편한 침묵을 피하려고 하거나 누군가의 말에 끼어들기 위해 말을 하는 경우가 종종 있다. 지금이 그 말을 하기에 적절한 때인지, 자신의 말에 어떤 의미가 있는지 생각한다.

3   자신의 말이 누군가를 깎아내리거나, 지금 이야기하는 사람의 말을 끊거나, 진실하지 않게 들릴 가능성이 있다면, 다른 표현을 생각한다.

4   말을 천천히 하고 표현에 주의를 기울인다. 누군가가 말이나 몸짓으로 어떤 반응을 보일 때, 자신에게 어떤 감정이 생기는지 관찰한다. 다른 사람을 통제할 수 없다는 사실을 명심한다. 그러나 자기 반응에는 마음챙김을 적용할 수 있다.

5   지금 하는 말을 끝내면 거기서 멈춘다. 상대가 하는 말에 귀 기울이고, 다시 말할 적당한 때를 기다린다. 마음챙김 대화를 규칙적으로 연습하다 보면 까다로운 대화도 쉽게 풀어 나갈 수 있다.

🌀 **현명하지 않은 말 인식하기**   말을 할 때 마음챙김을 적용하지 않을 경우 자신도 그것을 금방 알아차리게 된다. 말하는 습관에 주의를 기울이겠다는 목표를 세우자. 잡담을 많이 한다는 사실을 인지하거든 잡담을 피하겠다는 의도를 품는다. 사람들이 말할 때 자신이 자주 끼어든다는 사실을 발견하거든, 거기에 각별히 주의를 기울인다. 심하게 자책할 필요는 없다. 이는 성장 지점일 뿐이다. 앞으로 연민을 담아 친절하게 주의를 기울일 수 있는 기회이다.

연습 31
마음챙김 설거지하기

10분

명상 행사가 끝나면 나는 매번 말없이 수십 개의 그릇을 씻는다. 수년 동안 침묵 명상 행사에 참석하고 나서야 이 일이 마음챙김을 연습할 기회라는 사실을 인식했다. 사람들은 대부분 설거지를 귀찮은 잡일이라 여긴다. 그래서 설거지를 최대한 빨리 끝내려고 한다. 하지만 현재 의식에 머무른 채 이 일을 하다 보면 작은 평화를 느낄 수 있다.

 단계

1   설거지할 그릇들을 바라본다. 눈앞에 놓인 일거리를 보고 자신에게 느껴지는 반응을 알아차린다. 그러고 나서, 몸속으로 들어간 음식을 떠올리며 그것이 음식을 먹은 사람들에게 생명과 행복의 원천이 되었다는 사실을 상기한다.

2   심호흡을 몇 번 하면서 의식을 몸에 집중한다. 자신이 어디에 서 있는지 느끼고, 척추를 따라 발까지 전해지는 몸의 무게를 느낀다.

3   한 번에 하나씩 그릇을 닦는다. 지금 바로 앞에 있는 그릇에 집중한다. 닦으면서 세제와 음식 냄새에 주의를 기울인다. 그릇이 깨

끗해지는 것을 지켜본다. 손에 느껴지는 따뜻한 물을 느낀다. 물 흐르는 소리와 그릇 닦는 소리를 듣는다.

4 닦은 그릇을 건조대나 식기 세척기에 천천히 놓으며 자기 몸에 주의를 기울인다.

5 다음 그릇을 씻기 시작하면서 이것이 또 다른 출발이라는 사실을 인식한다. 이미 설거지한 식기와 앞으로 닦을 식기는 잊어버린다. 지금 닦고 있는 바로 그 그릇으로 의식을 되돌린다.

6 마음이 방황하는지 살펴본다. 마음이 이리저리 떠돌면 지금 하는 일로 돌린다. 언제든 잠시 하던 일을 멈추고 심호흡을 몇 번 하면서 다시 중심을 잡아도 된다.

7 마지막 그릇을 다 닦고서 곧바로 연습을 끝내지 않는다. 손을 씻고 정리하고 다른 일로 넘어가는 동안에도 그 순간에 머문다. 설거지하는 동안, 활동적인 시간을 잠시 멈추고 마음을 가라앉힐 수 있었음을 인식한다.

연습 32
마음챙김 청소하기

10분

설거지와 마찬가지로 청소 역시 활동적인 하루에서 물러나 현재 의식에 머무르는 기회가 된다. 청소 자체나 청소에 대한 느낌(대부분 집을 청소한다는 생각으로 들뜨지는 않는다)에 초점을 맞추지 말고, 자신을 보살피고 마음챙김을 습관화하는 시간이라고 생각한다. 이 연습에서는 '비질'을 활용한다. 하지만 먼지 떨기나 걸레질, 청소기 돌리기, 조리대 닦기 등으로도 마음챙김 청소 연습을 할 수 있다.

 단계

1   청소 도구를 가지고 오면서부터 연습이 시작된다. 빗자루를 가지러 가면서 바닥에 닿는 발을 느낀다. 공간을 가로질러 움직이는 감각에 주의를 기울인다.

2   빗자루를 들 때 손에 닿는 감각에 의식을 모은다. 마음이 앞질러 나가 곧 하려는 청소가 떠오르거든 지금 그 순간의 몸으로 주의를 되돌린다.

3   비질은 보통 반복적인 행동이어서 지루함을 느끼기가 쉽다. 현재

에 머무르는 데 도움이 되도록 만트라를 사용한다. '왼쪽, 오른쪽' 같은 간단한 문구도 좋고, '내가 있는 장소가 깨끗해지기를'과 같은 문구를 사용해도 좋다. 빗자루가 움직일 때마다 거기에 맞춰서 문구를 마음속으로 외운다.

4   마음에 어떤 상태가 일어나거든 알아차린다. 불만스럽다면, 불만스럽다는 것을 알아차린다. 때나 먼지를 보고 호기심이 일어나면 호기심을 느낀다는 사실을 알아차린다.

5   계속 청소하면서 몸과 마음의 상태에 주의를 기울인다. 몸의 움직임, 반복되는 행동, 일어나는 감정을 알아차린다. 만트라는 필요한 만큼 외워도 좋다.

6   청소를 끝마치면 가만히 서서 심호흡을 한 번 한다. 청소한 공간을 관찰하면서 그것이 자신의 깨끗한 마음을 나타낸다는 것을 인식한다.

연습 33
마음챙김 일기 쓰기

10분

규칙적으로 일기를 쓰는 습관은 자신을 들여다보는 아주 멋신 방법이다. 하루에 몇 분정도 할애해 글쓰기로 자신의 경험을 되돌아보자. 이 연습은 하루를 마음챙김으로 시작하고 마무리하기 위해 아침과 밤에 하는 편이 가장 좋다. 또 이 연습에 필요한 공책이나 일기장을 따로 마련하면 도움이 된다.

단계

1   아침 시간 중 5분을 일기 쓰기에 배정한다. 이 연습을 할 때는 의자에 앉은 몸에 주의를 기울인다. 앉은 자세를 느끼고, 바닥에 닿는 발의 느낌, 펜이나 연필에 닿는 손의 감각을 인식한다.

2   심호흡을 몇 차례 하면서 의식을 그 순간에 모은다. 마음이 어떤 상태인지 인식한다. 차분한가? 불안한가? 두려운가? 아니면 희망찬가? 아무것도 바로잡을 필요는 없다. 그저 마음이 어떠한지 알아차리면 된다.

3   몇 분 동안 현재의 경험과 하루에 있을 일에 관해 마음챙김을 적

용하며 기록한다. 일기 쓰기를 시작하는 것이 힘들면, 타이머를 맞춰 놓아도 좋다. 그날 아침에 어떤 기분인지, 마음 상태가 어떠한지, 그날 하루를 어떻게 보낼 작정인지 등을 다룬다. 마음속에 어떤 걱정이나 희망이 있는지, 아니면 그날 하루 어떤 일이 일어날지를 자문하며 적는다.

4   일기 쓰기 연습의 마무리로 잠시 호흡에 의식을 모으다가 일상으로 돌아간다.

5   밤에도 똑같이 한다. 5분간 그날을 되돌아본다. 고마운 일이 있었는지 생각하고, 더 잘 처리할 수 있었다고 생각하는 일을 돌아보며, 마음챙김을 적용한 순간이 있었는지 적는다.

명상 일기   명상 연습에 일기 쓰기를 활용할 수도 있다. 전통적인 명상을 한 다음 일기장을 열고 그 경험을 기록한다. 마음이 집중 상태를 유지했는지 아니면 방황했는지, 그날 연습의 느낌은 어떠했는지, 뭔가 독특하거나 흥미로운 점이 있었는지를 적는다. 연습에 관해 적는 것은 그 경험을 호기심 있게 바라보고 평정심을 유지하는 데 유용하다.

연습 34
주변의 변화 인식하기

10분

마음챙김의 본질은 어느 순간이든 자신의 경험에 주의를 기울이며 어떤 경험도 영원하지 않다는 사실을 알아차리는 일이다. 모든 것은 변한다. 느낌도 왔다가 가고, 생각도 일어났다가 수그러들며, 소리도 나타났다가 사라진다. 이렇게 시시각각 변하는 모든 특성을 알아차림의 대상으로 삼을 수 있다. 세상에서 일어나는 온갖 변화에 주의를 기울이면, 행동이 영속되지 않는다는 점을 알아차리는 데 도움이 되고, 집중할 대상도 다양하게 얻을 수 있다.

 단계

1   야외나 창가에 두 눈을 뜬 채로 앉는다. 의식을 현재 경험에 머무르게 하겠다고 마음먹는다. 의식을 몸과 호흡에 집중하고 자신이 어디에 있는지, 어떻게 앉아 있는지 살핀다.

2   가만히 앉아 몸속에서 움직임이 느껴지는 곳을 알아차린다. 호흡을 하면서 복부, 가슴, 어깨, 그 외에 변화가 느껴지는 부위에 주의를 기울인다.

3   의식의 범위를 청각으로 넓힌다. 어떤 소리를 알아차리거든 그것의 변화에 각별히 주의한다. 자동차가 오고 가는 소리, 숨이 들어오고 나가는 소리, 새들이 지저귀는 소리, 그 외에도 일어났다가 결국은 희미해져 사라지는 다른 소리가 들릴 수 있다. 어떤 소리가 의식에 들어오거든 잠시 거기에 집중하다가 의식을 열어 다른 소리를 듣는다.

4   마지막으로 세상에서 일어나는 움직임을 본다. 눈에 들어오는 것 중 무엇이 움직이거나 변하는가? 지나가는 자동차, 바람에 흔들리는 나무, 움직이는 사람처럼 쉽게 알아차릴 수 있는 움직임이 있고, 계절이 바뀌면서 조금씩 색이 변하는 나뭇잎이나 아주 느리게 움직이는 구름, 날이 갈수록 조금씩 넓어지는 도로 위 구멍처럼 미묘한 변화도 있다.

5   10분이 지나면 몸에서 느껴지는 움직임으로 의식을 되돌린다. 잠시 마음을 가라앉힌 뒤 일상으로 돌아간다.

연습 35
자신의 세계에 색 입히기

10분

세상은 여러 가지 색으로 가득하다. 매 순간에 보이는 색깔에 주의를 기울여 마음챙김을 연습할 수 있다. 바라보기는 호흡이나 몸에 의식을 모으는 일과는 다른 경험이다. 하지만 현재에 온전히 머무르는 기회라는 점에서 같다. 우리는 시각에 크게 의존하므로, 시각은 마음챙김을 배양하는 강력한 수단이다.

단계

1 이 연습은 장소를 가리지 않는다. 책상 앞이나 대중교통 좌석에 앉아 있을 때도 좋고, 길을 걷고 있어도 상관없다. 어디서 하든 10분 동안 몰입할 여유를 마련한다.

2 현재 경험에 의식을 모은다. 주의를 기울이며 호흡을 몇 차례 하고 몸을 느끼며 마음을 가라앉힌다.

3 집중할 색깔을 하나 고른다. 빨간색에서 시작해서 하루하루 지날 때마다 무지개의 일곱 가지 색을 차례로 하나씩 선택해도 좋다.

4   자신이 고른 색깔의 물체를 하나 찾는다. 초심자의 마음으로 마치 그것을 난생처음 보듯이 쳐다본다. 그것이 무엇인지, 크기와 모양은 어떤지를 마음속으로 메모한다.

5   잠시 후, 같은 색의 다른 물체를 찾는다. 잠시 같은 방식으로 관찰한다.

6   이렇게 연습을 계속하는 동안 마음이 방황하면 그것을 알아차리고 언제든지 호흡으로 되돌아간다. 호흡을 의식의 닻으로 삼아도 좋다. 자신이 보는 것이 '정확히 무엇인지' 마음속으로 메모하면 도움이 된다. 예를 들어 빨간색 정지 표지는 '빨간색 정지 표지'가 아니라, '빨강, 팔각형, 흰색 글씨, 금속'이라고 메모하는 식이다.

7   10분이 지나면 잠시 두 눈을 감는다. 심호흡을 몇 차례 한 다음 연습을 마무리하고 일상으로 돌아간다.

🔵   **색칠하는 날**   이 연습을 약간 변형하여 하루 종일 적용할 수도 있다. 색깔을 하나 골라 그것을 연습 26에서 했던 것처럼 '의식의 방아쇠'로 이용한다. 종일 그 색깔을 마음에 품고서 언제든 그 색을 보거든 그저 알아차린다. 이 연습은 그날 하루를 온전히 현재에 머무르며 보내라고 상기하거나, 일상적인 활동에 빠져 있을 때 마음챙김으로 되돌아가라고 떠올리는 데 유용하다.

연습 36
귀 기울여 듣기

10분

이 연습에는 파트너가 필요하다. 친구 혹은 사랑하는 사람에게 10분정도 연습에 동참해 달라고 부탁한다. 누구든 신뢰할 수 있는 사람을 선택하는 게 좋다. 그 사람이 마음챙김을 전혀 모르거나 따로 연습을 하고 있을 수도 있지만, 아무래도 상관없다.

여기에서는 두 사람 모두 주의 깊게 듣는 연습을 한다. 이 연습에는 어느 정도 자기를 드러내려는 각오가 필요하다.

두 사람 중에 귀 기울여 듣는 쪽은 또렷한 마음으로, 판단하지 않으며, 주의 깊게 들어야 한다. 듣는 경험에 온전히 머무르려 하면서, 상대의 말에 어떤 반응을 보여야 한다는 생각을 내려놓는다. 들을 때는 상대가 말하는 단어를 받아들이는 자신의 경험을 계속 인지해야 한다. 상대의 말을 들으면서 현재에 머무르는 것이 무엇을 의미하는지 생각한다.

말할 때는 '마음챙김 대화하기'를 적용한다. 자신을 정직하게 드러내는 것에 두려움을 느끼지 말고, 자신이 하는 말을 관찰한다.

 단계

1   파트너와 눈높이를 맞춰서 앉는다. 먼저 한쪽이 말하고 상대는 듣는다.

2   타이머를 4분에 맞춘다. 먼저 말하는 사람이 자신의 목표와 의도에 관해 이야기한다. 그날에 관한 것, 사랑하는 이에 관한 것, 미래에 관한 것 등 어떤 것도 좋다.

3   타이머가 멈추거든 역할을 바꾼다. 상대가 자신의 목표와 의도를 말하고 다른 사람은 주의 깊게 듣는다.

4   타이머가 멈추거든 연습은 어떠했는지, 앉아서 듣기만 하는 것은 어떤 느낌이었는지, 상대의 말에 반응하지 않는 것이 어려웠는지 잠시 둘이서 이야기를 나눈다.

화제 고르기   화제는 자신에게 맞는 것을 고르면 된다. 자신의 의도를 드러내는 말이 싫다면 의도를 말하지 않아도 된다. 두려움이나 행복한 기억, 한 주가 어떻게 가고 있는지에 관해서도 좋고, 아니면 다른 일상적인 주제를 선택해도 상관없다. 이 연습을 활용해 삶의 여러 부분을 검토하고, 온전히 현재에 머무르면서 듣는 법을 배울 수 있다.

연습 37
마음챙김 목욕하기

15분

샤워와 목욕은 둘 다 주의를 기울여야 하는 시간이다. 마음이 빙황하거나 완전히 자동 반응 상태로 들어가거나, 아니면 마음이 아무런 작동을 안 하는 경우가 많다. 그러나 그 시간을 활용하여 마음챙김을 연습할 수 있다. 이 연습에 나온 지침을 이용해 샤워나 목욕 시간을 몸과 마음을 정화하는 의식으로 만들어 보자. 씻는 동안 몸의 감각에 주로 초점을 맞춘다.

단계

1   연습은 물을 틀기 전부터 시작된다. 잠시 서서, 호흡이 들어오고 나갈 때 가슴이 오르내리는 느낌에 의식을 모은다. 폐가 들숨과 날숨에 따라 팽창하고 수축하는 감각을 느낀다.

2   물을 틀 때 손잡이에 닿는 손의 감각을 느끼고, 물이 흐르는 모습을 관찰하며, 샤워기에서 나는 소리를 듣는다. 열기와 증기로 채워지는 욕실을 느낀다.

3   욕실 안에서 느껴지는 감각을 인식한다. 온도의 변화, 피부에 닿는 물의 감촉 혹은 물에 닿은 몸의 반응을 알아차린다.

4   평소에 하듯 몸을 씻으면서 몸의 움직임과 피부의 촉감 그리고 몸에 닿는 부분을 살핀다. 몸을 씻고 닦으면서 피부와 손에 주의를 집중한다. 평소보다 더 천천히 움직이면, 마음이 현재에 머무르는 데 도움이 된다.

5   샤워를 마무리하되 현재 의식을 놓지 않는다. 물을 잠그고 욕실 밖으로 나가면서도 현재에 머무른다. 수건으로 몸을 말리며 피부의 감촉을 느낀다. 일상으로 돌아가서도 이렇게 몸을 의식하는 일을 이어 가려 노력한다.

연습 38
기쁨 찾기

15분

"기쁨은 그냥 일어나는 것이 아니다. 우리는 기쁨을 선택해야 하고, 매일 그렇게 해야 한다." _헨리 나우언Henri Nouwen, 《사랑이라는 내면의 목소리The Inner Voice of Love》 중에서

마음챙김을 함양하는 아주 유쾌한 방법 중 하나는 자신에게 기쁨을 주는 것이 무엇인지 알아차리는 일이다. 시간을 내어 그런 순간을 음미하고 고마워하면, 앞으로 마음이 그런 것들을 더 많이 인식하게 된다. 잠시 산책을 하면서 무엇이 자신을 행복하게 하는지 알아차려 본다.

 단계

1   산책 장소를 찾는다. 공원이나 산책로 아니면 자신이 살고 있는 동네 주변도 좋다. 특별한 장소를 고르기 위해 애쓸 필요는 없다.

2   걷기 전에 먼저 가만히 서서 심호흡을 몇 차례 한다. 콧구멍에서 호흡의 감각을 알아차린다. 지면에 닿는 발의 감각을 느끼며 마음을 가라앉히고, 몸의 무게와 몸을 아래로 끌어당기는 중력에 주의를 기울인다.

3   평소 속도로 걷는다. 걸으면서 마음에 드는 것을 찾는다. 눈에 보이는 것이나 여타의 경험이 모두 마음에 들지는 않겠지만, 좋아하는 풍경이나 소리나 느낌 등을 찾을 수 있다. 그것은 어떤 사물의 색깔 아니면 형태처럼 단순한 것이 될 수도 있다(생물이든 무생물이든 상관없으며, 어떤 것 자체가 아니라 그것의 한 부분이어도 좋다).

4   좋아하는 것을 발견하거든 혼잣말을 한다. '저 나무 마음에 드네.' '저 파란색 마음에 들어.' '새소리 마음에 드는데.' 마음에 드는 것을 알아차릴 때마다 머릿속으로 말한다. 내키면 소리 내어 말해도 좋다.

5   잊지 말자. 이 연습에는 옳고 그름이 없다. 자신에게 그리고 자신의 취향에 솔직해지자. 마음이 방황하거나 판단으로 흘러가거든, 걸으면서 발바닥에 느껴지는 감각으로 주의를 돌려 현재 순간으로 되돌아간다. 그런 뒤 의식을 열고 하던 연습을 다시 한다.

6   15분 정도 지나면 일상으로 돌아간다. 일상에서도 이 연습을 이어가도록 시도한다. 뭔가 즐길 만한 것이 있거든, 그것이 아무리 사소한 것이라도 자신이 좋아하는 것임을 자신에게 상기시킨다.

연습 39
발 느끼기

이 연습은 내가 트라우마 치료사들과 하던 훈련에서 비롯되었다. 트라우마 치료에서 환자는 발에 의식을 모으라는 말을 자주 듣는다. 이것은 마음과 몸을 차분하게 하는 부교감 신경계를 활성화하는 연습이다.

1   하루 동안, 발의 감각을 느끼라고 자신에게 반복해서 상기시킬 방법이 무엇일지 생각한다. 컴퓨터에 메모를 붙여도 좋고, 휴대 전화에 알림 설정을 해도 좋고, 이제까지 발견한 의식의 방아쇠 중 하나를 사용해도 좋다. 알림이나 메모를 쓴다면 단순한 문구를 적어 놓는다. '발이 어디 있지?'

2   하루를 보내면서 발을 의식하려 한다. 발이 어떻게 놓여 있는지 느낀다. 발뒤꿈치에서 시작해 활처럼 패인 가운데 부분, 엄지발가락 아래쪽 둥근 부분, 발가락, 발등까지 훑으며 느낀다.

3   발에 계속 주의를 기울이며 심호흡을 몇 차례 하면서 몸과 마음을 안정시킨다. 숨을 내쉴 때마다 발에서 힘을 뺀다.

4 다시 일상으로 돌아간다. 알림이 울릴 때마다 이 연습으로 돌아
가 긴장을 풀고 발의 감각을 느끼며 현재에 머문다.

연습 40
마음챙김 쇼핑하기

15분

식료품을 사러 마트에 가면 뜻밖에 불안하거나 초조해지곤 한다. 사람은 복직거리고, 결정할 것은 많고, 쇼핑 목록은 길다. 이런 상황은 '정신을 놓기에 쉬운' 최적의 환경이다. 하지만 마음챙김 연습을 하기에 효과적인 조건이기도 하다.

 단계

1   마트에 들어가기 전에 마음을 느긋하게 먹고, 물건을 사면서 마음 챙김을 잊지 않겠다는 의도를 새긴다. 깊이 호흡하면서 숨을 내쉴 때마다 몸을 이완한다. 어깨를 늘어뜨리고, 복부에 힘을 빼고, 턱의 긴장도 푼다.

2   문으로 걸어가면서 잠시 걷기 명상을 한다. 발이 바닥에서 떨어지고 앞쪽에 다시 놓일 때 그 감각을 느낀다. 지금 이 순간만이라도 마음에 있는 모든 생각을 내려놓고 의식을 발에 모은다.

3   매장에 들어가면 잠깐 전체를 둘러본다. 여섯 가지 '감각의 문'부터 살펴본다. 시각, 청각, 후각, 미각, 몸의 감각, 생각 그리고 색깔

과 빛, 공기 중에 떠도는 냄새, 몸이 서 있는 형태, 매장 안의 잡음, 마음 상태 등을 마음속으로 메모한다. 옳고 그름은 없다. 그저 자신의 경험에 주의를 기울이면 된다.

4   쇼핑을 시작하려는 쪽으로 이동하면서, 의식은 몸에 머무르게 한다. 바닥에 닿는 발과 몸을 움직이게 하는 다리 근육을 느낀다.

5   물건을 쇼핑 카트나 바구니에 넣을 때도 몸의 감각에 계속 주의를 기울인다. 물건을 잡으려고 뻗는 팔과 손을 느낀다. 물건을 집을 때 그것의 질감과 온도, 무게를 느낀다. 카트에 넣을 때 물건이 손에서 떨어지는 감각에 주의를 기울인다.

6   이렇게 몸을 살피면서 쇼핑을 계속한다. 물건을 집을 때마다, 다음 장소로 이동할 때마다 연습한다. 계산하고 나갈 때면 마음챙김을 의식하면서 줄을 선다. 마음챙김을 실행하면서 기다리는 방법은 연습 45 '기다리면서 마음챙김하기'를 참고한다.

🟤   **새로운 감각 추가하기**   물건을 사는 동안 마음이 심하게 방황하거든 한 가지 감각에만 집중한다. 몸에서 느껴지는 것을 마음속으로 메모하는 대신, 눈에 들어오는 색깔이나 귀에 들리는 소리에 주의를 기울인다. 빨간색을 보거든 빨간색을 보고 있다는 것을 마음속으로 메모한다. 누군가 말하는 소리를 들으면, 말소리를 듣고 있다는 것을 메모한다. 이렇게 하면 마음을 현재에 머무르게 하기 쉽다.

연습 41
후각 인식하기

15분

이 책에 실린 연습 중 상당수가 느낌이나 청각, 생각에 초점을 맞추고 있다. 하지만 마음과 특히 강력하게 연결되어 있는 것은 후각이다. 어떤 냄새를 맡으면 신피질과 변연계에 직접 신호가 전달된다. 그런 까닭에 후각은 기억과 감정과 생각을 떠오르게 하는 확실한 방아쇠이다. 이 연습은 후각을 일상생활에서 좀 더 깊이 탐구하는 토대가 된다.

 단계

1 밖에서 15분간 머무르며 걸을 수 있는 장소를 찾는다. 공원이나 산책로 혹은 동네도 괜찮다.

2 잠시 마음을 가다듬으며 현재에 머무른다. 마음챙김의 대상을 외부 세상으로 돌린다. 몸에 초점을 맞추는 대신 눈을 뜨고 소리에 귀 기울이며 자신이 어디에 있는지 인식한다.

3 마음챙김을 의식하며 걷는다. 평소보다 느리게 걷는 게 좋다. 주변 환경에 주의를 기울인다.

4   향기가 날 만한 자연의 대상이 눈에 뜨이면 잠시 멈춰서 냄새를 맡는다. 그것은 꽃이나 허브, 나무 아니면 비 내린 뒤 대지의 냄새일 수도 있다. 냄새를 맡으면서 두 눈을 감고 향기에 온 의식을 모은다. 후각에 모든 의식을 모아 냄새 맡는 그 경험에 몰입한다.

5   잠시 뒤 다시 걷기 시작한다. 향기가 나는 다른 대상을 마주하면, 방금 했듯 멈춰서 냄새를 맡는다. 호기심과 열린 태도를 유지한다. 이 연습은 다른 감각을 이용하는 연습들과는 구별된다. 그저 관찰하는 것이 아니라 의도적으로 냄새를 찾아서 맡기 때문이다.

6   걷기를 마치면 남은 하루 동안 이 연습을 적용해 본다. 식사를 할 때나 차를 마실 때, 운전을 하고 집으로 돌아갈 때 다가오고 사라지는 냄새에 주의를 기울인다. 그럴 때 일어나는 반응을 관찰한다. 사람은 보통 향기나 냄새에 아주 강한 긍정적 혹은 부정적 반응을 보인다.

연습 42
마음챙김 수면하기

10분

마음챙김 연습이 이미 생활 전반에 스며들었다 하더라도 막상 잠을 자기 위해 자리에 눕는 순간, 마음이 치열한 경주를 시작하는 경우도 있다. 저녁 휴식을 즐기려고 했지만 마음이 매번 그 상황을 제대로 인지하지 못하기도 한다. 일상의 자극이 끝났는데도 마음은 평소보다도 더 시끌벅적할 수도 있기 때문이다. 이 연습은 잠자리를 준비하면서 몸과 마음을 가라앉히는 데 도움이 된다.

 단계

1   침대 옆에 서서 심호흡을 몇 차례 한다. 지금 이 순간에 집중하여 현재 몸의 상태에 의식을 모은다.

2   침대에 올라갈 때도 몸에서 무슨 일이 일어나는지를 계속 인식한다. 잠자리에 누우면서 몸이 자세를 취하는 동안 몸의 감각을 느낀다.

3   호흡을 이용하여 몸의 느낌을 알아차리고 몸에서 긴장을 푼다. 숨을 들이쉴 때는 폐에 공기가 차는 감각을 느낀다. 숨을 내쉴 때는

몸이 부드러워지면서 아래로 가라앉는 것을 느낀다. 내쉴 때마다 몸이 이완되면서 점점 더 깊이 가라앉는 모습을 그려 본다.

4 머리끝에서 몸 훑어보기를 시작해 발가락까지 내려간다. 의식이 몸의 각 부위에 머무르는 동안, 숨을 내쉴 때마다 그 부위의 긴장을 풀고 몸이 아래로 가라앉게 한다.

5 발가락까지 다하고 나면 의식을 몸 전체로 돌리고, 깊이 호흡한다. 계속 몸을 이완시킨다.

연습 43

생활 속 긍정 인식하기

5분

저명한 심리학자이자 마음챙김 지도자인 릭 핸슨 박사는 뇌에 부정적 편향negativity bias이 있다고 말한다. 그래서 사람은 늘 위험에 대비하고 자신을 지키기 위해 부정적인 경험에 자연스럽게 매달린다. 기쁜 순간을 적극적으로 찾다 보면, 이같은 활동이 뇌에 영향을 주어 부정적 편향을 덜어 낼 수 있다. 흔히 말하듯 뭔가에 주의를 기울이면 그것이 자라난다. 즐거운 경험을 찾으려 노력하면 결국 그것을 발견하게 된다. 이 연습에서는 하루 중 긍정적인 순간에 마음챙김을 의도적으로 적용한다.

단계

1   하루를 시작하면서 좋은 것을 찾겠다는 의도를 마음에 품는다. 사냥꾼이 되어 자신을 행복하게 하는 것을 쫓는 것이다.

2   자신을 행복하게 하는 것을 발견하거든 — 운전 중 여러 개의 초록 신호등을 한 번에 통과한 것이든 오랜 친구와의 통화든 — 그 순간을 온전히 받아들인다. 먼저 마음 상태를 알아차린다. 마음에 어떤 경험이 일어나는지 구별한다. 차분함, 이완, 만족, 충족 등.

3   다음으로 의식을 몸으로 가져간다. 가슴, 복부, 어깨에 집중한다. 몸에서 긴장 해소나 개방감과 같은 편안한 느낌이 들면 그것을 알아차린다. 호흡을 하며 행복을 온전하게 느낄 수 있는 상태를 만든다.

4   그 느낌이 달아나는 것에 매달리지 않는다. 그저 경험에 주의를 기울일 뿐이다. 그 느낌이 자연스럽게 수그러들게 내버려 두고, 사라지게 되면 그것을 알아차린다.

5   남은 하루도 일어날 수 있는 기쁘고 즐거운 순간에 마음을 열어 놓는다. 그것이 거창한 환희의 순간일 필요가 없다는 점을 명심한다. 사소한 만족의 순간이나 편안한 순간이라도 괜찮다.

연습 44
사람을 있는 그대로 바라보기

5분

마음챙김은 자신의 몸과 마음에만 적용할 수 있는 게 아니다. 마음챙김을 주변 사람에게도 적용할 수 있다. 그것을 '외부로 향하는 마음챙김'이라고 하는데, 이는 수련에서 중요한 부분에 속한다. 혹시 다른 사람을 볼 때 3차원의 존재로 보는가? 아니면 '계산대 점원'이나 '축구팀 엄마'나 '짜증스러운 동료' 같은 1차원적 딱지를 붙이는가? 이 훈련은 다른 사람을 자신과 같은 인간으로 그리고 객관적으로 바라볼 수 있게 한다.

1 이 연습은 다른 사람들과 함께 있을 때 한다. 직장에서나 마트에서 혹은 공원 벤치에 앉아서 몇 분 정도면 충분히 연습할 수 있다. 공공장소에서 잘 모르는 사람을 대상으로 시작하는 것이 가장 좋다. 연습을 하면서 차츰 수준을 높여 잘 알거나 사랑하는 사람들에게 적용해 보기를 권한다.

2 누군가가 보이면 그런 유형의 사람들에게 습관적으로 붙인 딱지를 알아차린다. 앞에 있는 사람을 매력적이라 여긴다거나, 그의 역할이나 일을 마음대로 짐작하는 등 순간적으로 드는 모든 판단

146

을 알아차린다. 아무것도 억누르지 말고, 그런 생각이 있다는 점을 부인하지도 않는다. 마음은 무엇이든 범주화하고 이름 붙이도록 만들어졌고, 우리는 모두 사람을 판단한다. 마음에 있는 것이 무엇이든 그저 알아차린다.

3   그런 다음 앞에 있는 사람을 초심자의 마음으로, 마치 사람이라는 존재를 처음 보는 것처럼 관찰하기 시작한다. 그를 살아서 숨 쉬고 느끼는 존재로만 바라본다. 그는 친구와 직장이 있고, 5분 후에는 어디론가 갈 것이라는 사실을 인식한다. 그는 사랑하는 사람이 있고, 그를 사랑하는 사람도 있다는 사실을 인식한다.

4   그가 했을 경험에 의식을 모은다. 당신과 마찬가지로 그도 희망과 꿈, 두려움, 슬픔, 후회, 기쁨이 있다. 그의 인생을 다 알지는 못해도 그도 유쾌하거나 불쾌한 감정적 경험을 하는 인간임을 인식한다.

5   그를 떠올린 채 자애의 문구를 마음속으로 외우며 그를 대상으로 한 연습을 마무리한다. 문구는 이를테면 '오늘 하루 행복하게 지내기를' 정도면 좋다.

6   그날 마주치는 다른 사람들에게도 같은 연습을 계속할 수 있다. 시간을 내어 주위를 돌아보고, 떠오르는 생각을 알아차리고, 자애의 문구를 외우면 된다.

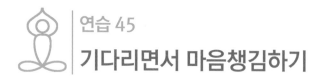 

연습 45
기다리면서 마음챙김하기

인생에서 기다림은 피할 수 없다. 차가 밀리거나, 은행이나 관공서에서 차례를 기다리거나 배달시킨 음식을 기다리며 우리는 곧잘 초조해하거나 짜증을 낸다. 가장 먼저, 빨리 일을 마무리하는 데만 초점을 맞추기 때문이다. 기다림 외에는 달리 할 일이 없는 이 순간은 마음챙김을 북돋우고 연습할 수 있는 완벽한 기회이다.

 단계

1   언제든 기다려야 할 때 이 연습을 시작한다. 실제로 줄을 서서 기다리든, 전화기를 붙들고 대기하든 기다려야 하는 상황이 오면 그것을 연습의 신호로 삼는다.

2   자신이 기다리고 있다는 사실에 주의를 기울인다. 아마 당신은 구체적인 어떤 결과를 기다리고 있을 것이다. 그것을 마음에 떠올리고 그것이 본질적으로 어떤 경험인지를 인지한다.

3   기다리는 일에 초조함이나 짜증이 일어나지는 않는지 마음을 살핀다. 가만히 못 있고 꼼지락거리고 싶어지거나, 주머니에서 휴

대 전화를 꺼내려는 충동이 일어나는지 주의해서 관찰한다. 초조한 기운이 느껴지거든 거기에 저항하지 말고 그것을 받아들인다.

4   바닥에 닿은 두 발을 느낀다. 발에서부터 부드럽게 몸을 훑어보기 시작하여, 호흡을 하며 몸의 각 부분에 의식을 모으며 점차 위로 올라간다. 몸 훑어보기로 지금 이 순간에 머무르면서 뭔가 어려운 점이 있으면 알아차린다.

5   줄이 줄어들어 맨 앞까지 가더라도 몸 관찰을 계속한다. 줄이 줄어들 때 몸이 이완되는지 아니면 흥분되는지 알아차린다. 기다림이 끝나고 해야 할 일을 마쳤을 때 몸에서 어떤 느낌이 드는지 살펴본다.

연습 46
은밀한 친절 베풀기

15분

이 연습을 처음 접한 것은 로스앤젤레스에서 열리는 1일 명상 행사에서였다. 그때 우리는 도심에서 명상을 했는데, 지도자는 이것이 수련을 실제 세상에 접목하는 연습이라고 설명했다. 이것은 자애를 배양하는 연습이기도 하지만 과도한 생각을 내려놓고 마음에 집중하는 데도 유용하다.

 단계

1   이 연습은 사람들에게 친절한 마음을 가지는 방법에 익숙해지도록 만든다. 다른 사람과 함께 걷거나 운전할 때, 같이 앉아 있을 때도 할 수 있다. 일상의 습관처럼 틈나는 대로 해도 괜찮고, 시간을 정해 연습을 하는 것도 나쁘지 않다.

2   한 번에 한 사람, 자연스럽게 주의를 끄는 사람을 선택한다. 그가 희망과 꿈, 두려움, 후회, 기억, 사랑하는 이들이 있는 한 존재라는 사실을 인식한다. 자신이 그렇듯 그도 행복하게 살고 싶어 한다. 그를 떠올리며 머릿속으로 자애의 문구를 외운다. '오늘 하루 편안히 보내기를.'

3   그런 다음 다른 사람에게 시선을 돌려 반복한다. 주위 모든 사람에게 '친절 폭탄'을 떨어뜨리는 재미를 느낀다.

4   이렇게 몇 분간 계속한다. 더 이상 할 사람이 없으면 이미 했던 사람에게 되돌아가도 된다. 아니면 자신을 생각하며 자애의 문구를 외워도 좋다.

5   연습을 마치고 일상으로 돌아갈 준비가 되면, 자애의 문구 외우기를 그만둔다. 그러나 아무 때든 주저하지 않고 이 연습으로 돌아가 친절해지겠다는 의도를 항상 되새긴다.

연습 47
미디어로 마음챙김하기

20분

매일 건강한 음식과 그렇지 않은 음식을 소비하듯, 우리는 하루 동안 이로운 미디어와 이롭지 않은 미디어를 소비한다. 음악을 듣고, 텔레비전을 보고, 기사를 읽는 등의 행위가 그렇다. 이렇게 해서 지식과 재미를 얻을 수도 있지만 우리 몸과 마음에는 불안과 스트레스가 생기기도 하고, 마음을 의식에서 놓치기도 한다.

이 연습에서는 미디어를 소비하는 순간에 마음챙김을 접목하는 몇 가지 방법을 다룬다. 꼭 단계별로 할 필요는 없다.

 단계

1   먼저 자신이 선택하는 미디어가 어떤 영향을 줄지 고려한다. 뉴스 기사를 읽는 일이 정보를 얻기 위함인지, 아니면 마음의 위안을 얻기 위함인지 확인한다. 텔레비전 방송은 어느 정도 자극적인 면이 있어서 신경계를 흥분시키곤 한다. 이것은 특정 프로그램이나 이야기, 음악을 좋거나 나쁘다고 판단하기 위한 연습이 아니다. 그저 자신의 선택이 끼치는 영향을 인식하자는 것이다.

2   특정 미디어를 소비할 때 몸과 마음에 어떤 반응이 일어나는지를

알아차린다. 텔레비전을 보고 있다면 광고 시간에 소리를 끄고 자신에게 주의를 기울인다. 뉴스 기사를 읽을 때는 몇 단락을 읽고 나서 잠시 멈춘다. 몸에서 흥분이나 스트레스 혹은 불안이 느껴지는지 살펴본다.

3   텔레비전을 보거나 기사를 읽거나 음악을 들을 때 거기에 온전히 집중하려 노력한다. 텔레비전에 나온 사람들을 관찰하고, 기사에 언급된 세세한 부분에 주목하고, 소리를 하나하나 구분해 가며 듣는다. 온 정신을 모아 그 경험에 빠진다.

미디어 소비 망치기   어쩌면 이 연습이 올바른 미디어 경험을 방해한다고 느낄 수 있다. 사람들은 텔레비전을 보면서 정신을 '놓으려고' 하지 정신을 '차리려고' 하지 않기 때문이다. 특정 미디어를 하나하나 뜯어보기 시작하면 일반적인 의미의 재미도 줄어든다. 이는 정상적인 반응이고 연습의 일부분이기도 하다. 그런 경험도 느긋한 태도로 음미하면서 미디어를 대할 수 있는지 확인하고, 그것을 너무 진지하게 받아들이지 않는다. 자신이 소비하는 미디어에서 기쁨, 웃음, 혹은 다른 긍정적인 반응이 일어나면 그것을 알아차린다.

연습 48
마음챙김 운전하기

10분

운전하는 시간은 스트레스를 받거나, 멍해지거나, 화가 솟구치는 순간이 되곤 한다. 하지만 목욕할 때와 비슷하게 이 시간도 마음챙김을 연습하기에 아주 좋은 기회이다. 이는 운전이란 것이 하루 중 한 부분에서 다른 부분으로 자연스럽게 전환되는 과정이기도 하기 때문이다.

운전을 자신이 직접 하는 경우, 먼저 안전이 무엇보다 중요하다는 사실을 잊어서는 안 된다. 따라서 처음에는 주차장이나 조용한 동네, 아니면 아주 편안하게 느껴지는 장소에서 하는 게 바람직하다. 이 연습에 익숙해지면 안전하게 마음챙김 운전을 할 수 있다.

 단계

1   실제로 차를 몰기 전에 연습을 시작한다. 차에 앉아서 몸에 닿는 접촉 지점을 느낀다. 페달에 닿는 발, 좌석에서 느껴지는 감각, 운전대를 잡은 손에 주의를 기울인다. 시동을 켜면서 차에 시동이 걸리는 감각과 소리를 느낀다.

2   차를 몰면서 운전하는 경험에 주의를 기울인다. 특별히 할 일은 없다. 현재에 머무르면서 자신이 하는 경험을 그저 지켜본다. 다

른 차들, 운전 중 들리는 소음, 그 외에 의식에 들어오는 모든 것을 알아차린다.

3   간단한 메모 기법을 적용한다. 깜빡이를 켜 소리가 들리면 머릿속으로 '깜빡이'라고 말한다. 회전을 하게 되면 '회전'이라고 말한다. 운전하면서 움직임이나 소리, 형상, 몸의 느낌이 의식에 들어오거든 이를 알아차린다.

4   다른 운전자가 보이면 그를 떠올리며 자애의 문구를 마음속으로 외운다. '편안하고 안전하게 운전하기를.'

연습 49
시간 죽이며 마음챙김하기

10분

아무리 바쁜 사람도 그저 '시간을 죽여야' 하는 순간이 있다. 그럴 때 사람들은 소셜 미디어를 훑어보거나, 휴대 전화로 게임을 하거나, 신문 기사를 보며 시간을 보낸다. 이제부터는 그 순간을 마음챙김 연습 시간으로 활용할 수 있다. 마음챙김을 연습하며 긴장을 풀고 기운을 회복하는 시간으로 만드는 것이다.

직장이나 가정에서 잠시 여유가 생길 때 이 연습으로 현재에 머무르며 휴식을 취해도 좋다. 여기서는 특별히 스마트폰 사용에 초점을 맞춘다. 사람들이 시간을 죽일 때 흔히 스마트폰을 보기 때문이다.

단계

1   시간을 죽여야 하는 여유 시간이 생기면, 시간을 '낭비'하려고 하는 습관적인 충동이 생긴다는 사실을 알아차린다. (그렇다고 그 습관에 나쁘다거나 잘못됐다는 꼬리표를 붙이라는 뜻은 아니다. 그저 관찰하면 된다.)

2   평소처럼 시간을 죽이면서 했던 일을 시작하면서 마음챙김을 적용해 본다. 스마트폰을 꺼낸다면, 그 동작을 하면서 마음 상태에

주목한다. 소셜 미디어를 훑어보거나, 게임을 하거나, 신문 기사를 읽으면서 온전히 현재에 머무를 수 있는가?

3 시각에 의식을 모은다. 그러면서 자신이 무엇을 하는지 관찰한다. 눈에 들어오는 이미지 전체에 주의를 기울이고, 각 부분에도 주의한다. 색깔, 모양, 움직임, 그 외에 주의를 끄는 것이라면 무엇이든 하나씩 알아차린다.

4 화면을 누르는 등 스마트폰으로 뭔가를 하면서 몸과 기기 사이의 상호 작용에 주의를 기울인다.

5 마음챙김을 적용하면서 계속 '시간을 죽인다'. 그러면서 여유로운 자세로 자신을 지켜본다. 시간을 죽이면서 잠시 휴식을 취하는 자신의 모습을 판단하지 않는다. 쉬는 시간에도 자신을 돌보고 마음챙김을 배양하려는 자신을 자랑스러워한다.

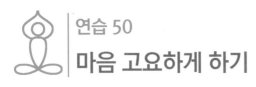 

연습 50
마음 고요하게 하기

10분

일상적인 하루를 보내다 보면 마음챙김이 의식에서 조금씩 멀어지는 것을 알아차릴 때가 있다. 마음이 몇 시간이나 자동 반응 상태에 들어가는 것이다. 그러다가 때로는 불안해지거나 여러 가지 생각이 내달리기도 한다. 언제든지 마음을 고요하게 하는 이번 연습으로 우리는 차분한 의식 상태로 되돌아갈 수 있다. 편안한 마음으로 어떤 대상에 집중할 때 생산성도 높아지고 하는 일도 더 잘될 수 있다.

 단계

1   하던 일을 중단하고 10분 정도 연습 시간을 마련한다. 그 순간 마음에서 어떤 느낌이 드는지 알아차린다. 잡무나 일, 앞날에 대한 생각이 떠오르거든 그것을 알아차린다.

2   호흡을 이용해서 몸을 이완한다. 숨을 들이쉬면서 이완을 받아들인다 생각하고, 내쉬면서 실제로 근육을 이완시킨다.

3   마음이 늘 우리가 바라는 대로 따르지는 않지만 기쁨과 즐거움, 감사함을 경험하는 것 역시 마음이 있어서다. 자애의 문구를 몇

개 외우며 마음이 품고 있는 생각과 조금 더 다정한 관계를 맺겠다고 마음먹는다. 문구는 '마음이 편안해지기를'과 '내가 마음을 있는 그대로 받아들이기를' 정도면 좋다.

4 문구를 계속 외우면서 마음에게 문구에 담긴 의도를 전한다. 문구에 의식을 모은다. 머릿속에서 이 문구를 들으면서 의미를 되새긴다.

5 마음이 동요하거나 불안해하거나 생각이 과하게 활발해지는 것을 발견하면 한 단어로 그것을 메모한다. '생각'이나 '불안' 또는 그 외에 마음에서 일어나는 일을 마음속으로 메모한다. 그런 다음 문구로 되돌아간다.

6 시간이 다 될 때까지 문구를 외운다. 집중하려고 애를 쓰거나 억지로 하려 해서는 안 된다. 항상 느긋한 마음을 유지해야 한다는 사실을 잊지 말자. 마음이 방황하거든 그저 알아차리고 부드럽게 제자리로 되돌린다.

🔘 **잠잠한 마음과 함께하기** 일상생활로 돌아가 이 연습을 이어 나가도 좋다. 하루 중 마음이 유난히 활동적이거나 동요하는 순간을 알아차린다. 그것을 의식의 방아쇠로 활용해 잠시 하던 일을 멈추고 자신의 생각을 알아차린 다음, 마음에게 편안해지기를 바라는 소망을 전한다. 이렇게 두어 번 한 후 다시 하던 일로 돌아간다. 이렇게 하면 일어나는 생각에 피동적으로 당하기보다 다정하고 의식적으로 대응하도록 마음을 훈련할 수 있다.

3부

기분을 다스리는
마음챙김

어렵거나 아프거나 힘든 상황에서는 마음챙김을 놓치기 쉽다.

또 누구나 불안과 좌절, 슬픔, 분노를 겪는다.

이런 순간, 사람들은 나름대로의 방법을 선택할 수 있다.

고통스러운 감정을 마음챙김으로 대면하면,

그 감정을 밀어내거나 거기에 맞서 싸우는 대신

새로운 방식으로 대처하는 법을 배우게 된다.

이런 연습이 쌓이면 힘겨운 시기에

반사적으로 반응하는 일이 줄어들고,

깨어 있는 의식으로 상황을 맞이할 수 있다.

3부에서는 힘든 시간을 연민, 관대함, 깨어 있는 마음으로

지나가게 하는 다양한 도구와 기법들을 다룬다.

 연습 51
몸 가라앉히기

15분

마음이 동요하기 시작하면 몸도 거기에 따라간다. 다행히 몸과 마음의 관계는 양방향이다. 몸을 가라앉히면 마음도 이완된다.

　나는 이 연습법을 타니사로 비구Thanissaro Bhikkhu와 한 달간 명상하면서 습득했다. 그는 테라와나 불교Theravada Buddhism●의 태국 삼림 선통Thai Forest Tradition의 수석 선승이다. 이것은 몸이 긴장을 풀도록 이끄는 강력한 방법으로, 누구나 할 수 있다.

단계

1　편안한 자세를 취한다. 이 연습은 앉아서나 서서 혹은 누워서도 할 수 있다. 차분해지고 싶을 때면 언제 어디서든 해도 된다.

2　두 눈을 감는다. 콧구멍에서 느껴지는 호흡에 주의를 기울인다. 심호흡을 몇 번 하면 현재 의식에 도달하는 데 도움이 된다.

3　왼팔부터 시작한다. 숨을 들이쉬면서 팔이 호흡의 에너지로 가득 차오르는 모습을 상상한다. 숨을 내쉬면서 호흡 에너지가 손끝으

● 붓다가 쓴 언어인 팔리어로 된 가장 초기 경전들을 토대로 하는 불교 종파. '장로들의 길'이라는 뜻으로, '상좌부 불교'라고도 한다 ― 옮긴이 주.

로 빠져나가는 모습을 상상한다. 이렇게 왼팔에 의식을 모으면서, 물리적으로 보이는 신체와 에너지가 빠져나가는 상상의 이미지에 의식을 유지한다. 마음이 방황하여 딴 생각이 들거든 부드럽게 호흡으로 돌아간다.

4   2~3분 후에 오른팔로 바꾼다. 숨을 들이쉬면서 호흡 에너지가 팔에 차오르는 것을 상상한다. 숨을 내쉬면서 손끝으로 에너지를 내보낸다. 몇 분간 지속한다.

5   이제 의식을 몸통으로 전환한다. 숨을 들이쉬면서 가슴과 복부에 호흡 에너지가 차오르는 것을 상상한다. 숨을 내쉬면서 척추 끝과 꼬리뼈로 호흡 에너지가 빠져나가는 것을 그린다.

6   몇 분이 지나면 양쪽 다리로 내려간다. 먼저 왼쪽 다리로 시작해서 2~3분 동안 호흡에 따라 에너지를 받아들이고 발끝으로 내보낸다. 오른발로 바꿔서 똑같이 실시한다.

7   마지막으로 몸 전체를 아우른다. 숨을 들이쉬면서 몸 전체를 호흡 에너지로 채운다. 머리끝에서 발끝까지 호흡 에너지가 몸에 가득 차는 모습을 상상한다. 내쉬면서 손끝으로, 꼬리뼈로, 발끝으로 호흡이 빠져나가게 한다.

연습 52

부정적인 생각 다루기

10분

긍정적으로 생각하고 미래를 낙관하려 아무리 애써도 불안한 생각이 여전할 수 있다. 이런 생각은 피할 수도 없고, 없는 척해도 소용 없다. 마음챙김 연습은 이런 생각을 호기심 있게 대하는 데 유용하다. 불쾌한 생각의 패턴을 이해할수록 그것에 사로잡히는 일도 줄어든다. 이런 생각에 끌려 들어가지 않으면서 그냥 내버려 두는 법을 배울 수 있다. 이는 생각을 내려놓는 연습으로, 부정적인 생각이 일어날 때도 적용할 수 있다.

 단계

1   두 눈을 감고 몸의 접촉 부위에 의식을 모은다. 앉은 자세로 차분하고 안정된 상태를 느낀다. 깊이 호흡하면서 몸이 의자나 바닥에 지탱되어 있는 감각을 느낀다.

2   마음속에서 일어나는 경험에 주의를 기울인다. 생각이 일어나거든 그것을 알아차리고, 거기에 따라오는 감정이 있는지 알아차린다. 있다면 어떤 감정인지를 식별한다. 부정적인 생각에 각별히 주의하면서 자신이 무엇을 느끼거나 생각하는지 마음속으로 메모한다. '부정적'이라는 단어를 되도록 피하고, 그 대신 각각의 생

각을 슬프다, 불쾌하다, 짜증스럽다, 고통스럽다 등으로 식별해 본다.

3 5분간 계속하면서 생각과 거기에 수반되는 감정을 마음속으로 메모한다.

4 여기서는 '덧없음'에 초점을 맞춘다. 각각의 생각을 바라보고 그 것이 지나갈 때 이를 인식한다. 계속해서 자신이 무엇을 생각하고 있는지 또 그것이 어떤 느낌인지 마음속으로 메모한다. 이때 '온 다, 간다'나 '일어난다, 지나간다'와 같은 문구를 사용해도 좋다.

5 5분이 지나면 몇 차례 심호흡을 하면서 의식을 몸으로 되돌린다. 생각이란 오고 간다는 사실을 인정하고, 각각의 생각을 믿거나 믿 지 않기로 선택할 수 있다는 것을 상기한다.

판단 내려놓기 이 연습의 제목에 '부정적인 생각'이라는 단어가 들어가 있지만, 생 각의 톤과 무관하게 다양한 생각에 이 연습을 적용할 수 있다. 어떤 생각을 부정적이 라고 식별하는 순간 판단과 저항심이 일어난다. 생각을 부정적이라고 식별하는 대신, 각 생각에서 느낌의 톤을 알아차려 보자. 대게는 불쾌한 톤일 수 있다. 이렇게 하면 마 음에서 판단이 일어나지 않게 하는 데 유용하다.

반추하기를 멈추기

15분

반추는 강력한 망상이다. 우리는 이미 일어난 일을 바꿀 수 없는데도 지나간 일을 강박적으로 생각한다. 분한 일을 곱씹으며 부글부글 속을 끓이고, 예전에 한 대화를 머릿속에서 재생하고, 심하게 자책하면서 과거 사건을 반복해 떠올린다. 이것은 누구에게나 일어나는 일이고, 상당히 고통스러운 경험이다. 마음챙김 연습은 이런 패턴을 명확하게 바라보게 하고, 거기에 인내심과 이해로 대응하게 하며, 그 손아귀에서 벗어나게 하는 데 도움이 된다.

반추는 흔히 '배경 소음'으로 나타난다. 하루 종일 그림자처럼 따라다니면서 부정성의 물줄기를 강박적으로 쉬지 않고 흘리는 것이다. 이 연습은 그런 내면의 목소리를 밝은 빛으로 끄집어내고, 가능하다면 그 지배력을 약화하는 데 도움이 된다.

 단계

1   두 눈을 감고 몸에서 힘을 뺀다. 호흡을 이용해 몸이 편안해지게 유도한다. 숨을 내쉴 때마다 몸 구석구석의 근육을 부드럽게 한다. 복부나 어깨, 턱에 각별히 주의하는 것도 괜찮다.

2   마음에 지나가는 생각들을 바라본다. 특정한 일을 반추하고 있다면 그 상황이나 사건을 인식한다.

3   그것을 이리저리 생각해 보되, 호기심과 흥미의 대상으로 여기고 살펴본다.

4   감정이 격앙되었을 때라 할지라도, 균형을 유지하고 집착하지 않는 자질인 평정심을 떠올린다. 과거에 있었던 상황(지금 마음속에 있는)을 바꿀 수 있는지 자신에게 묻는다. 자신에게 보낸다는 마음으로 평정심과 연민의 문구를 몇 가지 외운다.

과거를 바꿀 수는 없어.

내가 마음을 있는 그대로 받아들이기를.

내가 이 문제에 관심을 기울이기를.

5   이렇게 몇 분간 한 다음에 의식을 현재로 되돌린다. 과거는 바꿀 수 없지만 지금의 행동은 바꿀 수 있다. 반추하는 대신, 행복을 끌어당기는 행동을 선택할 수 있음을 인지한다. 다음의 문구를 머릿속에서 외운다.

내가 현명하게 행동하기를.

내가 연민을 담아 대응하기를.

내가 앞으로 나아가기를.

6   약 5분 정도 위의 문구를 계속 자신에게 전한다. 마음이 다시 반추하려고 하거든 위의 문구로 돌아가 앞으로 나아가겠다는 의도를 되새긴다.

7   연습을 마무리하면서 위의 문구들을 마음에 품는다. 지나간 일이 다시 떠오를 때마다 평정심이나 현명한 행동에 관한 문구를 외운다.

연습 54

마음 압력 밸브 열기

10분

어떤 감정에는 특별히 강한 에너지가 있다. 마음은 극도로 활발해지고 몸은 점점 긴장한다. 이런 일은 화가 나거나, 불안하거나, 어찌할 바를 모를 때 흔히 일어난다. 이런 순간에는 '압력을 빼면' 도움이 된다. 이 연습으로 그 순간의 압력을 줄이고 감정을 다소 누그러뜨릴 수 있다.

 단계

1   먼저 두 눈을 감고 호흡에 주의를 기울인다. 폐를 공기로 가득 채운 다음 느리고 부드럽게 비운다. 이런 식으로 심호흡을 몇 번 하면서 가슴이 부풀고 가라앉는 감각에 의식을 둔다.

2   자신이 무엇을 느끼는지 인식한다. 감정을 완전히 통제하거나 반대로 거기에 사로잡히지 않기 위해 작으나마 애정을 불러일으키는 이름을 부여해 본다. 예를 들어, 화가 난 상태라면 '성난 부처님'이 등장했다고 할 수 있다. 아니면 감정을 '개구쟁이 짱구'라고 부를 수도 있다. 이렇게 하면 그 감정에서 자신을 떼어 놓는 동시에 그것을 부드러운 관점으로 다룰 수 있다.

3　　그 감정이 몸의 어느 부위에 있는지 찾아본다. 가슴이 조이는 느
　　　낌이나 위장이 뭉친 느낌, 어깨가 긴장된 느낌을 인식한다. 그 느
　　　낌을 없애려 하지 말고 받아들인다. 감정을 그 부분에 있는 단단
　　　한 공이라 상상하면서 그것이 퍼져 몸 전체로 흩어지도록 내버려
　　　둔다. 호흡에 어느 정도 의식을 남기고, 연습하는 동안 안정을 유
　　　지한다.

4　　마지막으로 숨을 들이쉬면서 감정의 알맹이를 들이마시고, 숨을
　　　내쉬면서 그 에너지를 내보낸다. 호흡하는 동안 감정이 부드럽게
　　　수그러들도록 내버려 두는 모습을 상상해도 좋다. 감정을 밀어내
　　　려고 하지 말자. 차라리 감정이 이어지도록 내버려 두자. '성난 부
　　　처님' 혹은 '개구쟁이 짱구'에게 이별 인사를 해도 좋다.

연습 55

감정 알아차리기

10분

이 연습은 앞에서 다룬 몸 훑어보기 기법들과 감정 다루기 기법들을 조정한 것이다. 이것은 감정에 압도되어 어쩔 줄 모를 때나 무슨 일이 일어나는지 꼭 집어 인식하기 어려울 때 특히 유용하다. 펜과 종이 혹은 공책을 준비한다.

 단계

1   이 연습을 위해 10분을 따로 떼어 놓는다. 이 연습은 하루 중 언제 해도 괜찮지만 강한 감정이 느껴질 때 하면 특히 도움이 된다. 불안이나 스트레스가 왔을 때도 좋고, 반대로 기쁨이나 고마움처럼 유쾌한 감정을 느낄 때도 좋다.

2   두 눈을 뜬 채로 의식을 몸으로 내려보낸다. 그 감정이 몸의 어느 부위에서 느껴지는지 인식한다. 예를 들어 사람들은 흔히 불안을 가슴이나 위장, 사지에서 느낀다. 분노나 두려움은 흔히 위에서 일어나고, 어깨가 긴장되기도 하며, 미간에 주름이 잡히기도 한다.

3   몸에서 그 감정이 어떻게 느껴지는지 인식하고, 그 느낌을 기록한다. 몸의 어느 부위에서 느껴지는지, 그것이 어떤 느낌인지 구체적으로 적는다. 몸을 관찰하는 일과 관찰한 내용을 기록하는 일을 번갈아 가며 한다. 최대한 구체적으로 적는다.

4   몸에서 느껴지는 감각을 모두 다루었으면 의식을 마음으로 되돌린다. 하나하나의 생각과 전체적인 마음 상태 두 가지를 다 살펴본다. 마음 상태란 불안이나 희망 혹은 뭔가를 바로잡겠다는 갈망을 말한다. 각각의 생각은 어떤 사람이나 사건, 해결해야 할 문제에 관한 것이 될 수 있다. 이번에도 그것들을 알아차리면서 기록한다.

5   마지막으로 1~2분 동안 눈을 감는다. 그 상태로 시각의 느낌에 주의를 기울인다. 어둡다고 느껴지는지 밝다고 느껴지는지, 움직임이 느껴지는지 혹은 마음이 어떤 영상을 만들어 내고 있는지 알아차린다. 정답은 없다. 눈을 뜨면 방금 경험한 바를 종이에 기록하되, 판단은 내려놓는다.

6   적은 내용을 세심하게 천천히 읽는다. 다 읽거든 감정을 더 명료하게 알게 되었다고 느끼는지 살펴본다.

갈망과 회피 마음은 습관적으로 기분 좋은 경험을 갈망하고 기분 나쁜 경험을 외면하려 한다. 마음챙김 연습에서 갈망과 회피는 고통을 일으키는 두 가지 주요 원인으로 간주된다. 유쾌한 경험을 더 하고 싶다고 갈망하거나 불쾌한 경험을 밀어내려고 하는 자신을 발견하거든 이를 알아차려야 한다. 뭔가를 바꾸거나 고칠 필요는 없다. 마음이 어떤 경험이나 감정을 좋아하거나 싫어할 때 그것을 알아차리고 적어 놓는다.

연습 56
불길 가라앉히기

15분

분노는 사람을 완전히 사로잡아 해롭거나 비생산적인 행동을 하도록 몰아가는 감정이다. 분노가 일어날 때 마음은 가혹한 생각이나 판단, 강박에 희생당한다. 한 걸음 물러나 공간을 만들고 연민의 의식으로 분노에 대응하면, 회복력이 강해지고 분노에 대응하는 방식을 조정할 수 있다. 분노의 불길이 일어날 때 다루는 법을 살펴보자.

 단계

1　분노나 좌절 혹은 짜증이 일어나는 것을 알아차리면 두 눈을 감는다. 화가 났다는 것을 인식한다. 분노를 없애려고 하지 말고, 말로 설득해 분노에서 빠져나오려고도 하지 말고, 화가 나지 않은 척도 하지 않는다.

2　복부로 깊이 호흡한다. 가슴과 복부가 공기로 차오르는 것을 느끼고, 숨을 천천히 내쉰다. 내쉴 때는 폐를 다 비우려 노력한다. 처음 몇 분 동안은 이렇게 심호흡을 한다.

3　분노를 야기하는 상황을 마음에 떠올린다. 이 연습이 처음이라면

우선 적당하게 짜증스러운 일부터 다루어 보는 편이 좋다. 극도의 분노를 떠올리면 감당하기 어려울 수 있다.

4   마음속에서 일어나는 분노에 주의를 기울이면서 몸에서 어떤 일이 벌어지는지 느낀다. 분노로 일어나는 감각을 알아차린다. 긴장된 어깨, 얕은 호흡, 갑갑한 위장 등 몸에서 이러저러한 변화를 느낄 수 있다.

5   몸에서 느껴지는 감각 하나하나에 연민을 담아 주목한다. 긴장된 부위에는 '긴장했네'라고 마음속으로 메모하면서 그것을 인식하고, 호흡을 몇 차례 하며 그 감각을 느낀다. 그런 뒤 의식을 열고 몸에서 또 무엇이 느껴지는지 살펴본다.

6   이런 식으로 몸에서 10분 동안 분노나 짜증을 살펴본 후 의식을 마음으로 가져간다. 분노의 배후에 무엇이 있는지 혹은 그 원인이 무엇인지 자문한다. 고통이나 배반, 어떤 것을 통제하고 싶은 마음 혹은 안전하지 않다는 느낌이 있을 수 있다. 아무것도 발견하지 못하거든 인내심 있게 기다리면서 무엇이 떠오르는지 살펴본다.

7   분노의 배후를 발견하거든 거기에 이름을 붙인다. 상처 때문이라면 '상처'라고 이름 붙이는 식이다. 연민이 담긴 문구를 마음속으로 외운다. 이를테면 이렇게. "내가 이 고통을 보살피게 되기를."

8 연습을 마무리하면서 일기장을 꺼낸다. 몸에서 무엇을 알아차렸는지, 분노의 배후가 무엇이었는지, 연민으로 대응하려고 할 때 어떤 느낌이었는지를 기록한다. 앞으로 분노를 경험하면서, 점차 지혜와 인내로 그것을 바라볼 수 있게 될 것이다.

 연습 57

웃음 짓기

10분

"때로는 기쁨이 웃음의 원천이 되지만, 때로는 웃음이 기쁨의 원천이 되기도 한다."_틱낫한

마음챙김 연습은 자신의 느낌을 느끼는 일이다. 고통을 피하거나 억누르는 대신, 관심과 주의를 기울이며 받아들인다는 의미이다. 그렇다고 아무것도 하지 않고 그저 고통스러워해야 한다는 말은 아니다. '웃음 짓기'라는 간단한 방법은 실제로 몸과 마음에서 기쁨이 일어나게 하는 방아쇠로 작용하여, 고통을 다소 줄이는 데 도움이 된다. 여기서는 얼굴에 부드러운 웃음을 머금으면 어떤 느낌이 드는지 주의를 기울인다.

 단계

1   두 눈을 감고 편안한 자세로 앉는다. 가능하다면 척추를 곧게 해서 몸과 마음에 에너지를 받아들이고, 각성 상태를 유지한다.

2   먼저 숨 쉬는 감각에 주의를 기울인다. 복부가 오르락내리락하는 느낌에 의식을 모은다. 몸이 저절로 숨을 쉬게 한다. 특정한 방법으로 숨을 쉴 필요는 없다.

3   2분이 지나면 가슴으로 의식을 옮긴다. 숨을 계속 쉬면서 가슴이 팽창하고 수축하는 감각을 느낀다. 마음이 방황하는 것을 알아차리면 그저 의식을 가슴으로 되돌린다. 이렇게 2분간 지속한다.

4   이제 의식을 콧구멍으로 옮긴다. 코끝이나 윗입술에서 숨이 느껴질 것이다. 그곳에서 느껴지는 미묘한 감각에 주의를 기울인다.

5   의식을 열어 얼굴을 훑어 내려간다. 이마에서 턱까지 내려가면서 각 부위에서 무엇이 느껴지는지 알아차린다. 눈, 입, 턱, 뺨, 기타 주의를 끄는 것이면 무엇에든 의식을 기울인다.

6   마지막으로 부드럽게 웃음 짓는다. 기쁨이 느껴지는 무언가를 떠올리면서 웃음이 일어나게 해도 좋다. 웃으면서 얼굴과 호흡이 어떤 느낌인지 관찰한다. 얼굴 근육과 호흡에 일어나는 변화, 일어나는 감정에 주의를 기울인다.

7   웃음을 멈추었다가 다시 웃음 짓기를 몇 번 반복하면서, 매번 몸에서 일어나는 변화에 주의를 기울인다.

8   연습을 마치고 눈을 뜬 다음 웃음을 잠시 유지한다. 웃음이 저절로 천천히 사라지도록 내버려 둔다.

연습 58

손가락 호흡하기

5분

이 연습을 소개한 사람은 아내인 엘리자베스이다. 결혼과 가족 보조 치료사*로서 아내는 10대와 젊은이들에게 마음챙김을 권한다. 아내는 이 연습을 젊은이들과 함께하지만 나는 이것이 나이와 무관하게 좋다고 생각한다. 이 방법은 긴장을 풀어 현재에 머무르고, 중심을 잡고, 마음을 차분하게 하는 데 특별히 좋다.

 단계

1   잠시 마음챙김을 실천하고 싶을 때 언제든지 이 연습을 한다. 운전할 때나 앉아 있을 때, 서 있을 때나 걸을 때나 다 괜찮다.

2   먼저 엄지손가락을 같은 손 새끼손가락 제일 밑동(손바닥과 이어지는 부분)에 놓는다. 숨을 들이쉬면서 엄지손가락을 천천히 새끼손가락 끝으로 움직인다.

3   들이쉰 숨을 내쉬기 전에 잠시 멈추고, 엄지손가락 끝과 새끼손

● AMFT(Associate Marriage and Family Therapist). 이 자격을 얻으려면 결혼과 가족 치료Marriage and Family Therapy 분야에서 석사 학위를 받아야 할 뿐 아니라 임상 경험도 있어야 하며 행동과학 심의위원회Board of Behavioral Sciences에서 면허를 받아야 한다 ― 옮긴이 주.

가락 끝을 서로 살짝 누른다.

4   숨을 내쉬면서 엄지손가락을 새끼손가락 밑동으로 다시 부드럽게 옮긴다.

5   다른 손가락도 같은 방법으로 한다. 검지손가락까지 했으면 다시 새끼손가락으로 돌아간다.

6   이 연습은 원하는 만큼 할 수 있다. 한 손만 해도 되고 양손을 다 해도 좋고, 두 손을 번갈아 가면서 해도 상관없다. 한 손가락에서 다른 손가락으로 이동하고 숨을 쉬면서, 호흡과 손의 움직임이 일치하게 하는 데 의식을 모은다.

 연습 59
날숨 늘리기

10분

이 연습법도 아내 엘리자베스에게 배웠다. 몸이 어떻게 호흡하는지를 살펴보면 자신의 현재 감정을 알 수 있다. 불안하거나 화가 날 때는 호흡이 얕고 빠르다는 것을 발견한다. 쉴 때는 보통 호흡이 느리고 깊어진다. 호흡과 마음의 관계는 양방향이다. 더 깊이 호흡하면 신경계에 안전하다는 신호가 전달된다. 이 연습은 안전과 이완과 편안한 느낌을 관장하는 부교감 신경계를 활성화한다.

 단계

1   이 연습은 하루 중 언제든지 해도 된다. 불안이나 분노 혹은 심장 박동 수를 올리는 감정이면 무엇에든 효과가 있다.

2   호흡을 의식한다. 몸의 한 부위를 골라 집중해도 좋다. 이 연습에는 가슴이나 복부가 효과적이다.

3   처음 1~2분 동안은 숨을 3초 동안 들이쉬고 4초 동안 내쉰다. 머릿속으로 초를 센다.

4   호흡을 살짝 길게 해서 4초간 들이쉬고 5초간 내쉰다.

5   1~2분이 지나면 호흡을 늘린다. 5초간 들이쉬고 7초간 내쉰다. 호흡하면서 몸의 감각에서 의식을 놓지 않는다.

6   시간이 지나갈수록 들숨과 날숨을 가능한 길게 한다. 무리하지는 않되, 더 깊이 호흡한다. 날숨이 들숨보다 길어야 한다는 점을 명심하자.

7   10분이 지나면 숫자 세기를 그만두고 자기 속도에 맞게 심호흡을 몇 차례 한다. 곧바로 얕은 호흡으로 돌아가지 않도록 하며 일상생활로 복귀한다.

연습 60
어려운 일 돌보기

10분

힘든 감정이 생기면 흔히 기분 전환을 위해 감정을 생각으로 '초월'하려 하거나 다른 데로 관심을 돌리려 한다. 이런 순간을 마음챙김으로 보살피기 위해서는 어느 정도 인내심과 연민이 필요하다. 고통스러운 경험을 돌봐 주면 그것을 더 명료하게 바라볼 수 있다. 여기서는 곤경을 '밀어내기' 보다는 그것과 '함께 하는' 연습을 한다.

 단계

1　뭔가 어려운 일을 겪고 있을 때 이 연습을 시작한다. 분노와 같은 감정적 경험일 수도 있고, 생각들이 마구 내달리는 혼란스러운 정신적 경험일 수도 있고, 일에서 스트레스를 많이 받는 것처럼 외부 요인으로 일어난 경험일 수도 있으며, 그 외 그날 경험한 다른 종류의 어려운 경험일 수도 있다.

2　힘든 순간을 겪고 있다고 인식하거든 그 경험에 주의를 기울인다. 그것을 밀어내거나 거기에 저항하는 대신 의식을 힘든 감정으로 향하게 한다.

3   손을 가슴에 얹는다. 이렇게 하면 미주 신경이 자극되어 부교감
     계가 활성화된다.

4   손을 가슴에 얹은 채 아픔을 인식하고 자신에게 문구를 몇 개 들
     려준다. 이 문구는 곤경을 인식하고, 연민으로 거기에 대응하는
     데 도움이 된다.
     지금은 고통스러운 (혹은 불편한, 힘든) 순간이다.
     살면서 고통을 다 피할 수는 없다.
     나는 이 고통에 관심을 기울인다.

5   힘든 일을 돌보겠다는 의도를 품고 자신에게 위의 문구를 반복해
     들려준다. 마음이 고통을 없애거나 문제를 해결하려고 하거든 그
     저 문구와 자기 연민으로 되돌아간다.

6   10분이 지나면 문구 외우기를 그만두고 가슴에서 손을 내린다.
     어려운 일이 사라지지 않았을지 모르지만 하루 중 언제든 이 문
     구를 떠올릴 수 있다는 점을 잊지 말자.

연습 61

부드러운 마음으로 대하기

15분

인간은 사회적 동물이다. 하지만 이는 남들과 잘 지내는 경우에나 근사한 말로 남는다. 주위 사람들이 자신에게 해를 끼치거나 민감한 부위를 건드릴 때가 있다. 그러면 마음에 장벽을 세우고 문을 닫아 자신을 보호하고 안전과 행복을 지키려 한다.

가슴을 닫는 대신 열고, 짜증 나게 하는 사람들에게 애정으로 대응하도록 마음을 훈련할 수 있다. 이것은 자신이 받은 피해를 인식하는 자애 연습이다.

단계

1   두 눈을 감고 편안한 명상 자세를 잡아, 자애를 몸과 마음에 불러들인다. 애를 쓰지 말고, 자연스럽게 현재의 의식으로 침잠한다.

2   자신이 대하기 힘든 사람을 마음속에 떠올린다. 이 연습이 처음이라면 큰 어려움보다는 조금 사소한 어려움을 주는 사람을 고르는 편이 좋다. 자신의 민감한 부분을 간혹 건드리는 사람이나, 이유를 확실히 알 수는 없지만 괜히 짜증이 나게 하는 사람이면 된다.

3   그 사람도 당신과 마찬가지로 기쁨과 사랑, 슬픔, 아픔 같은 감정적 경험을 한다는 사실을 인지한다. 먼저 그 사람 입가에 웃음이 번진 모습을 그려 본다.

4   그 사람을 떠올리며, 함께 기뻐하는 마음이 담긴 문구를 몇 개 외운다. 이것을 연습하는 의도가 자신의 가슴을 열어 그 사람의 행복을 바라는 것이라는 사실을 명심한다. 다음 문구를 사용하자.
    당신이 행복하기를.
    당신의 행복이 지속되기를.
    당신의 행복에 나도 기쁘기를.

5   몇 분 지나면 아픔이나 슬픔을 겪는 그 사람의 모습을 떠올린다. 그러면서 자신의 몸과 마음에 어떤 반응이 일어나는지 알아차린다. 그 사람이 겪고 있는 곤경을 떠올리며, 연민의 문구를 몇 개 외운다. 그 문구가 마음에 제대로 와닿지 않아도 괜찮다. 지금 이 순간에 가능한 만큼 마음을 담으면 된다.
    당신이 아픔에서 벗어나기를.
    당신의 아픔이 보입니다.
    당신의 아픔에 마음이 쓰입니다.

6   마지막으로, 그 사람의 까다롭거나 어렵다고 느껴지는 면을 떠올린다. 그 사람과 관련한 어려운 상황을 생각하면서 몸과 마음이

어떻게 반응하는지 주의를 기울인다. 자신에게 전한다는 생각으로, 연민의 문구를 몇 개를 외운다. 이때, 불편한 경험을 보살피겠다는 의도를 품는다.

내가 아픔에서 벗어나기를.

내 아픔을 또렷하게 보기를.

내가 연민으로 대응하기를.

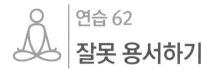

연습 62

잘못 용서하기

15분

'분개resentment'라는 단어는 라틴어에서 온 것으로 '다시 느낀다'라는 의미이다. 우리는 과거의 피해나 손해를 떠올리며 분개하곤 한다. 이는 고통스러운 경험으로, 지난 일에 매달리며 고통을 반복해서 느낀다. 때로는 분개하는 마음이 앞으로 일어날 피해에서 자신을 보호해 준다고 느낄 수도 있다. 그러나 용서하는 마음을 받아들여야, 애정과 관심이 뿌리내릴 공간이 생긴다. 용서하는 연습은 이런 고통스러운 경험을 내려놓고 마음에 자유를 주는 데 도움이 된다.

단계

1   편안한 자세를 취하고 처음부터 관대함을 몸으로 맞이한다. 몸에 불편하거나 긴장된 부분이 없는지 알아차리고 그 주변을 부드럽게 이완시킨다.

2   분개의 원인을 제공한 누군가를 떠올린다. 이 연습이 처음이라면 분개하는 마음이 가장 크게 일어나는 일을 고르기보다 조금 가벼운 일로 시작한다. 자신이 받은 피해와 분하다고 느끼는 이유를 인식한다.

3   마음을 열고 애정을 품겠다는 의도를 받아들인다. 저항하려는 마음이 있다면 그것을 밀어내지 말고 그저 저항의 마음이 있다는 사실을 알아차린다. 마음을 다시 여는 데는 시간이 걸린다. 아무 것도 강요하지 않는다.

4   용서의 문구를 외우기 시작한다. 가능한 선에서 말의 의미를 마음으로 느낀다. 머릿속에서 천천히 문구를 말하면서, 리듬을 발견한다. 숨을 한 번 내쉴 때 혹은 두 번 내쉴 때마다 문구를 하나 말하는 식으로 하면 도움이 된다. 다음의 문구를 사용한다.
     당신을 용서합니다(혹은 지금 내가 할 수 있는 만큼 당신을 용서합니다).
     내가 이 고통을 마음에서 놓아 주기를.

5   6~7분 동안 이렇게 한 다음 이 문구들을 내려놓는다. 관심의 대상을 자신으로 돌린다. 자신도 누군가에게 해를 끼쳤다는 점을 인식한다. 자신이 해를 끼친 일을 세세하게 떠올릴 필요는 없다. 그저 의도했든 아니든 다른 사람들을 실제로 힘들게 했다는 사실만 인식하면 된다. 상처를 준 한 사람을 떠올리는 것도 좋다. 다음 문구를 사용하여 그 사람에게 용서를 구한다.
     당신에게 해를 끼쳤습니다. 용서해 주세요.
     부디 나를 용서하려는 마음을 내 주기를.
     당신이 용서하고 용서받기를.

6   5분간 이렇게 하다가 몸으로 의식을 되돌린다. 몇 분간 심호흡을
하면서 호흡에 의식을 모은 다음 두 눈을 뜬다.

용서가 어려울 때

용서하려 노력하다 보면 자신이 약해지는 느낌이 들거나, 앞으로 더
큰 해를 입을 것 같은 생각이 들 수 있다. 명심하자. 용서는 상대방을
당신 인생에 다시 받아들이거나, 그가 당신에게 다시 해를 입히게 내
버려 두거나, 그의 행동이 아무렇지도 않다고 느끼는 것이 아니다. 건
강한 경계선을 유지하면서도 분개하는 마음을 내려놓는 것이다. 용서
하는 마음은 자신을 보살피는 태도에서 경계를 설정하지만, 분개하는
마음은 두려움 때문에 경계를 정한다.

연습 63
레인 명상법 연습하기

20분

이 방법이 어디서 유래되었는지는 확실하지 않지만 나는 심리학자이자 명상 지도자인 태라 브래치Tara Brach와 함께 명상 지도자 훈련을 받던 중 이것을 배웠다. 레인RAIN은 인식하기Recognize, 받아들이기Allow/Accept, 탐구하기Investigate, 북돋우기Nourish의 머리글자를 딴 말이다. 내가 즐겨 하는 명상법이다. 지금 무엇을 경험하든 이 방법을 사용할 수 있다. 이것만 따로 떼어 연습해도 좋고, 일상생활 중 언제든 활용해도 된다. 특히 힘든 감정이나 생각을 다룰 때 도움이 된다.

1   편안하게 앉아서 현재 경험으로 의식을 모으기 시작한다. 눈을 감고 1~2분 동안 무엇이 들리는지, 몸에서 무엇이 느껴지는지, 마음속에서 무엇이 일어나는지 알아차린다.

2   힘든 경험이나 감정을 떠올리고, '인식하기'부터 한다. 일어나는 생각, 몸의 감각, 곧잘 들리는 내면의 비판적 목소리를 인식한다. 몇 분 동안 그런 어려움이 있다는 사실을 인정하면서, 그것이 나타나는 여러 가지 방식에 주의를 기울인다.

3   다음 단계로 넘어간다. 받아들이기. 불쾌한 감정이 일어나면 마음은 그것을 없애려는 습관이 있다. 그러지 말고 그것이 자신 안에 있도록 내버려 둔다. 평정심과 수용이 담긴 다음의 간단한 문구를 떠올려도 좋다. '지금은 이런 거야.' 5분간 받아들이기를 지속하면서, 마음이 힘든 일을 밀어내려고 하면 첫 단계로 되돌아간다.

4   이제 더 깊이 탐구한다. 레인의 첫 단계에서 자신이 무엇을 느끼는지 인식했다. 탐구하기 단계에서는 호기심이 인식의 자리를 차지하게 한다. 어떤 면에서 상처받을 위험이 있다고 느끼는지, 이 감정이 자신에게 무슨 도움이 되는지, 이 아픔에서 벗어날 수 있다고 믿는지 자문한다.

5   마지막 5분 동안은 자기 연민으로 자신을 북돋운다. 이 연습 전체가 자기 연민을 단련하는 방법이다. 고통을 부정하지 않고, 깨어 의식하며, 그것을 보살피는 것이기 때문이다. 물론 연민의 문구를 몇 개 외우면서 마음을 여는 데 따로 시간을 할애해도 좋다.

🌀 **비동일시**   레인의 마지막 글자 N에 해당하는 또 다른 이름은 '비동일시non-identification'이다. '북돋우다nourish'라는 단어만큼 마음이 느껴지지는 않지만 이것도 강력한 연습 방법이 될 수 있다. 앞서 제시한 것처럼 연습을 진행하다가 마지막 단계에서 힘든 경험을 내려놓는 연습을 한다. 그 생각이나 경험이 자신이 아니라는 것

을, 심지어 자기 것도 아니라는 사실을 인식한다. 그것은 덧없는 하나의 과정으로, 다른 모든 경험이 그렇듯이 일어났다가 지나간다. 그것이 지나가도록 내버려 둔다.

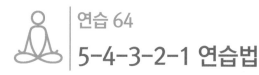

연습 64
5-4-3-2-1 연습법

5분

어떤 감정에 압도될 때는 거기에 완전히 사로잡히기 쉽다. 마음챙김 연습은 이런 일이 일어났을 때 이것을 알아차리는 데 도움이 된다. 자신이 압도되었다는 것을 알아차리면 이 연습을 사용해 현재의 순간으로 돌아올수 있다. 이 연습은 5분으로 충분하며 현재에 머무르는 데도 유용하다.

단계

1 두 눈을 뜨고 보이는 것 중 다섯 가지를 알아차린다. 그것들을 머릿속으로 말해도 되고 소리 내 말해도 된다. 다섯 가지를 잠시 관찰하며 속속들이 파악한다.

2 다음으로, 몸에서 느끼는 것 네 가지를 알아차린다. 그것들을 머릿속으로 말하든지 소리 내 말한다. 그런 뒤 심호흡을 몇 차례 하면서 각각의 느낌에 주의를 기울인다.

3 이번에는 들리는 소리 세 가지를 지목한다. 같은 소리를 세 번 알아차리는 것보다, 서로 다른 소리를 고른다.

4   코로 들어오는 냄새 두 가지를 고른다. 이 순간 두 가지 냄새를 맡기 어렵다고 느끼거든 자리를 옮겨 냄새가 나는 곳으로 가도 좋다.

5   마지막으로, 입에서 느껴지는 한 가지 맛을 찾는다. 먹다 남은 음식 맛일 수도 있고, 치약 맛일 수도 있고, 그저 호흡에서 느껴지는 맛일 수도 있다. 지금 맛이 느껴지지 않으면 평소 즐기는 맛을 마음속으로 메모한다.

연습 65
감당할 수 있는 마음 발견하기

10분

우리는 자신이 생각하는 것보다 더 많은 상황을 감당할 능력이 있다. 때로는 힘든 감정에 압도당하지만 그런 감정은 항상 지나가게 마련이고 우리는 매번 그것을 헤쳐 나간다. 힘겨운 시기를 겪으면서 마음챙김을 활용하면 사신의 회복력을 인식하는 데 도움이 된다. 자신이 난관에 대처할 능력이 있다는 사실을 분명하게 알면, '당신은 괜찮은 사람이다'는 것을 마음으로 점차 알게 된다.

 단계

1   두 눈을 감고 몸이 편안해지도록 자세를 조정한다. 몸에 의식을 두고 바닥에 닿는 발이나, 의자나 바닥에 닿는 몸을 느끼고, 호흡에 따라 일어나는 움직임을 느낀다.

2   최근에 느낀 힘든 감정을 마음에 떠올린다. 세세한 이야기에는 몰입하지 않는다. 대신 그 감정에 초점을 맞춘다. 그러기 위해 먼저 몸에 의식을 기울인다. 이 감정이 마음에 있을 때 몸은 어떤 느낌인가?

3   몸에서 그 감정을 느끼면서 그것을 얼마나 받아들일 수 있는지 탐구한다. 무엇이 압도적이거나 감당할 수 없다고 느껴지는가? 지금 이 순간의 느낌을 감당할 수 있다고 받아들이는지 자문한다. 몸의 느낌에 계속 주의하면서 그것을 수용할 수 있는지 아닌지 살핀다.

4   몇 분이 지나면 의식을 마음 상태로 전환한다. 이 감정이 마음에 있을 때 마음은 어떤 반응을 보이는가? 마음에서 일어나는 생각과 마음의 전반적인 느낌을 알아차린다. 이번에도 마음에서 일어나는 것이 무엇이든 그것을 감당하기 어렵다고 느끼는지 자문한다.

5   마지막 2분 동안 지금까지 살면서 겪은 아픔과 난관을 돌아본다. 작게 좌절한 일부터 크고 깊은 슬픔이나 비극에 이르기까지, 당신은 그런 모든 것을 겪으며 지금 이 순간에 이르렀다. 자신의 자연적인 회복력을 인식하고, 자신에게 그런 힘이 있다는 사실을 기억한다.

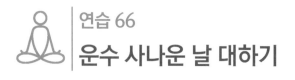

연습 66
운수 사나운 날 대하기

10분

누구나 무엇 하나 뜻대로 되지 않는 날이 있게 마련이다. 몸 상태가 썩 좋지 않거나, 정서적으로 기진맥진했거나, 책임져야 할 일에 짓눌리는 듯한 느낌을 가질 수 있다. '나쁜 하루'라는 말이 맞다고 느껴질 수도 있지만, 그것은 부정확하다. 어떤 날도 백 퍼센트 나쁘지는 않다. 거의 언제나 아무리 작더라도 좋은 일도 있게 마련이다.

좋은 것과 나쁜 것을 마음이 모두 인식하도록 훈련하여, 하루 중에 유쾌하고 즐거운 순간도 있으며 어떤 순간도 영원하지 않다는 것을 분명하게 알도록 연습해 보자. 정말 고통스러울 때도 우리는 연민으로 대응하면서 그날의 이야기를 새로 쓸 수 있다.

단계

1   이 연습은 힘든 하루를 보냈을 때 특히 효과가 있다. 잠시 고요하게 앉아 있을 시간과 조용한 장소를 찾는다.

2   두 눈을 감고 먼저 몸을 느끼며 마음을 가라앉힌다. 가만히 앉은 몸을 느끼고, 몸이 의자나 바닥에 닿는 감각을 느끼고, 호흡하면서 일어나는 움직임을 느낀다.

3 오늘 경험한 힘든 일을 떠올린다. 구체적인 사건이나 일, 전반적인 느낌, 아니면 무엇이든 마음에 자연스럽게 떠오르는 것이면 된다.

4 '운이 없는 날'이라는 느낌이 일어나거든 그것이 어떤 느낌인지 주목한다. 몸에서 어떤 감각이 느껴지거나 마음에서 어떤 생각이 고개를 드는지 알아차린다. 그것을 너무 조목조목 따지려 들지 말고, 전반적인 경험과 감정에 주의를 기울인다. 힘든 하루를 보내고 있다는 것이 어떤 느낌인지 자문한다.

5 그 느낌을 의식하면서 자신에게 연민을 전한다. 몸과 마음에서 그 경험을 놓아 버리지 말고 어느 정도는 의식하는 상태를 유지한다. 연민이 담긴 다음 문구를 조용히 외운다.
   지금은 아픈 (혹은 힘든, 불편한, 고통스러운) 순간이다.
   내가 관심과 알아차림으로 이 아픔을 보살피기를.

6 5분간 자신에게 연민을 전한 뒤 위의 문구들은 잊는다. 이제 오늘 자신을 기쁘게 하거나 만족스럽게 한 것을 떠올린다. 불편함이나 고통에 감싸여 있지 않은 순간이 있었는지 찾는다. 아침에 기분 좋게 잠에서 깨어났을 때나, 친구나 동료와 좋은 대화를 나누었을 때나, 점심을 먹으며 힘든 일에서 벗어나 잠시 휴식했을 때가 될 수 있다.

7   뭔가 마음에 떠오르면 그 경험이 어떤 느낌이었는지 떠올린다.
     비록 힘든 하루를 보내고 있더라도 이렇게 아픔에서 자유로운 순
     간이 있었다는 사실을 인식한다. 다음의 간단한 문구를 음미하며
     외운다.

     내가 그 순간에 감사하기를.

8   그날 조금은 만족스러웠던 순간을 계속해서 떠올린다. 뭔가 생각
     이 날 때마다 심호흡을 몇 번 하면서 그 일을 상기하고 위의 문구
     를 암송한다. 유쾌하거나 즐거운 일이 다 떨어지면, 그날 있었던
     중립적인 일을 찾는다.

9   연습을 마무리하면서, 그날 전체를 되돌아본다. 운수 사나운 날
     을 보냈다는 것을 부정하지 않되 하루 전체가 다 불운했던 것은
     아니라는 사실을 인식한다. 즐거웠거나 중립적이었던 순간이 많
     이 있었다는 사실에 주의를 기울인다.

연습 67

자기 자신 좋아하기

10분

우리는 평소 조금은 가혹한 혼자말을 한다. 심하게 자책하고, 비현실적인 기준을 들이밀며, 부족한 면에 초점을 맞춘다. 마음챙김을 적용하면 이런 목소리에 귀 기울이고 이런 생각을 알아차릴 수 있다. 또한 마음에 드는 면에 주의를 기울이는 법도 익힐 수 있다. 매 순간 눈에 띄지 않더라도 자기 마음에 드는 면이 있게 마련이다. 이 연습에서는 그런 면에 의식을 모아 자신을 좀 더 총체적으로 그려 본다.

 단계

1 두 눈을 감고 앉아서 편안한 자세를 취한다. 호흡하는 감각에 의식을 모은다. 가슴이나 복부, 콧구멍에 집중한다. 처음 몇 분 동안은 마음이 방황할 수 있다. 그럴 때마다 호흡으로 주의를 돌려 마음이 잠잠해지게 한다.

2 마음이 가라앉으면 자기 자신이라는 전체 중에서 마음에 드는 점을 떠올린다. 몸에서 시작한다. 자기 몸의 어떤 부분이 마음에 드는지 자문하고, 잠시 그 부분에 고마워한다. 머리카락이나 피부처럼 겉으로 보이는 특징일 수도 있고, 힘이나 유연성처럼 보이

지 않는 특징일 수도 있다. 뭔가가 떠오르면, 심호흡을 몇 차례 하면서 마음에 드는 부분에 의식을 머물게 한다.

3 1~2분간 이런 식으로 몸에 초점을 맞춘 뒤, 마음으로 초점을 바꾼다. 머리(두뇌)와 정서적 경험의 특징을 살핀다. 머리와 통찰력, 성격에서 무엇이 마음에 드는지 자문한다. 이번에도 뭔가가 떠오르거든 고마워하는 마음을 잠시 느낀다.

4 마지막 몇 분 동안은 오감에 집중한다. 시각, 후각, 미각, 청각, 촉각. 각각의 감각에 주의를 기울이면서 그 감각 덕분에 느낄 수 있는 아름다움과 즐거움을 인식한다. 예를 들어, 청각이 있기에 사랑하는 사람의 목소리를 들을 수 있다는 사실을 인식한다. 또 촉각 덕분에 포옹하면서 위안을 느낀다. 각각의 감각에 초점을 맞추면서, 그 덕분에 받은 선물을 떠올리며 고마워한다.

비판의 목소리가 끊이지 않을 때

이 연습을 하는 도중이든 일상생활을 할 때든 내면의 비평가가 현재의 경험을 놓고 논평한다는 사실을 인식할 수 있다. 떠오르는 생각을 다 믿을 필요가 없다는 점과 배경의 소음을 앞으로 끌어낼수록 그 힘이 약해진다는 점을 잊지 않는다. 내면의 비평가에게 의견을 알려 줘서 고맙다고 한 다음 그냥 내버려 둔다. 그것을 밀어내지 않는다. 일어났다가 저절로 지나가게 내버려 둔다. 일어나는 생각을 깨어 알아차리고, 그런 식으로 생각의 패턴에 익숙해지는 자신에게 고마워한다.

연습 68
자신에게 필요한 것 인식하기

15분

자기 경험에 마음챙김을 적용해 의식을 기울이다 보면 자신이 겪고 있는 어려움이나 난관을 알아차릴 수 있다. 이런 순간 자신에게 무엇이 필요한지 인식하는 일도 마음챙김의 일부분이다. 나는 당신이 고통과 아픔을 연장하는 방식이 아니라, 안녕과 자유를 증진하는 방식으로 대응하기를 권한다. 이 연습에서는 잠시 멈추고 그 순간 자신에게 필요한 것을 바라보는 구체적인 길을 알아본다.

 단계

1   최대한 허리를 곧게 펴고 두 눈을 가만히 감는다. 이 연습을 본격적으로 하기에 앞서 몇 분간 집중 연습을 하면서 제대로 마음을 가라앉히는 편이 좋다. 호흡하는 감각이 느껴지는 몸의 부위를 하나 고르고, 2~3분간 그 감각에 주의를 기울인다.

2   최근에 힘들거나 고통스럽다고 느낀 상황을 떠올린다. 그때의 이야기를 하나하나 파고들지 말고 그 경험이 현재 어떻게 느껴지는지를 인식한다.

3   그 기억과 지금의 느낌을 의식에 담아 둔 채, 지금 이 순간 무엇이 필요한지 자문한다. 연민이나 이해심, 통찰과 같은 전반적인 정서적 필요에 초점을 맞춘다. 난관에 부딪혔을 때 어떤 것이 도움이 되었을까? 필요한 것이 생각나면 자신에게 이렇게 말해 보자. "○○○가 필요했어." 계속해서 필요한 다른 것에도 주의를 기울이며 각각을 잠시 음미한다.

4   5분이 지나면 의식을 현재의 경험으로 돌린다. 어떻게 해야겠다는 목표나 이야기는 잊고, 지금 당장 무엇이 필요한지 자문한다. 일을 마무리하겠다거나, 업무를 끝내겠다거나, 사람들을 기쁘게 하겠다는 생각을 내려놓는다. 자신을 보살피려는 마음, 인내심 혹은 무엇이든 지금 자신에게 정말 필요하다고 느껴지는 것에 초점을 맞춘다.

5   연습을 마무리하면서, 필요한 것을 채워 줄 자신의 능력을 생각한다. 그것을 충족시키기 위해 지금 당장 할 수 있는 일이 있는가? 필요한 것 중에서 자기 능력 밖에 있는 것이 있는가? 자신을 보살피고 연민과 인내심으로 대하려는 마음을 먹는다.

연습 69
자기 자신 지지하기

15분

몸과 마음이 서로 신호를 주고받듯, 손을 이용해 편안한 상태를 끌어낼 수 있다. 이것은 트라우마를 겪은 사람을 치료하는 일류 심리 치료사 낸시 네이피어Nancy Napier에게 배운 방법이다. 기본 전제는 인간의 몸이 접촉에 반응하고 접촉이 신경계의 활동을 바꿀 수 있다는 개념이다. 먼저 이 연습에 익숙해지고 난 뒤, 일상생활 중 마음을 차분하게 하고 싶을 때 활용하기를 권한다.

단계

1   편안한 자세로 앉아 두 눈을 감는다. 코로 깊이 호흡하면서 폐를 완전히 비운다는 생각으로 숨을 내쉰다. 1분간 심호흡을 한다.

2   몇 분 동안, 지금 이 순간의 몸에 의식을 기울인다. 무엇을 바꾸거나 고치려고 하지 말고 그저 지금 느껴지는 것을 관찰한다. 어떤 신체 감각이 느껴지는지, 몸의 어느 부위에서 느껴지는지 알아차린다. 의식을 머리에서 몸으로 내려가게 한다.

3   자신을 떠받치는 첫 단계로 한 손을 들어 반대쪽 팔의 제일 위쪽,

그러니까 어깨 바로 아래에 가져간다. 자신을 지지하겠다는 의도로 손을 부드럽게 그곳에 얹는다. 이곳은 사람 몸에서 지지한다는 느낌을 받는 지점이다. 자신을 보살피고 지지하려는 마음을 느낀다. 몸과 마음에서 긴장이 풀리는 느낌이 드는 부분에 주의를 기울인다.

4   몇 분이 지나면 손을 내려놓는다. 심호흡을 몇 번 하고 손을 머리 뒤쪽으로 가져간다. 척추와 두개골이 만나는 지점이다. 이곳은 당신이 아기였을 때 누군가가 당신을 안으면서 지탱하려고 받치던 부분으로, 안전하고 편안하다는 느낌과 연관되어 있다. 그곳을 손으로 부드럽게 받치면서 몸이 안전하고 편안하다고 느끼도록 마음을 연다.

5   그대로 몇 분이 흐르면 손을 가슴 한가운데로 옮긴다. 그로써 미주 신경이 자극되어, 옥시토신이 분비되고 부교감 신경계가 활성화된다. 손을 그대로 가슴에 얹고 몸과 마음을 이완하면서 자신을 보살피려는 마음을 느낀다.

6   1~2분간 손을 가슴에 대고 있다가, 손을 내려놓는다. 몇 분간 숨을 쉬면서 몸과 마음이 이완되게 한 뒤에 두 눈을 뜬다.

🔵 **생활 속에서 연습하기** 일상생활을 하면서 힘에 부칠 때면 이 연습을 하는 게 좋다. 특

히 마음이 과하게 활동적이라고 느낄 때 유용하다. 불안, 스트레스, 분노 혹은 신경계를 자극하는 감정이 생기면 마음챙김으로 이를 알아차리고 앞에서 다룬 자기 연민의 행위로 대응한다. 자신을 지지하겠다는 뜻으로 잠시 팔에 손을 얹는다.

연습 70
골반 활용하기

마음이 활발해질 때 차분하게 하는 방법은 여러 가지가 있다. 나는 어떤 감정에 압도되어 어쩔 줄 모를 때 몸과 마음을 이완하는 방법으로 이 연습을 자주 사용한다. 하루 중 언제든 몸으로 의식을 되돌리려 할 때도 사용해도 좋고, 다른 명상을 하기 전에 마음을 가라앉힐 용도로 사용해도 좋다.

1   두 눈을 감고 척추를 최대한 곧게 세워 앉는다. 호흡을 이용해 부드럽게 의식을 깨운다. 숨을 들이쉬면서 척추를 편다. 숨을 내쉬면서 척추에 힘을 뺀다. 어깨를 떨어뜨리고, 턱을 이완시키고, 배에서 힘을 뺀다.

2   1~2분 동안 이렇게 숨을 쉬다가 골반과 엉덩이로 의식을 돌린다. 이 부분을 커다란 그릇이라 상상한다. 숨을 내쉬면서 몸의 에너지가 천천히 전부 이 그릇에 모인다고 생각한다. 의자나 바닥에 놓인 그릇의 안정감을 느끼고, 몸이 이완되어 그릇 안으로 들어가는 느낌으로 힘을 뺀다.

3 골반에 의식을 유지하면서 몸을 이완시킨다. 연습 12 '자기 자신 보살피기'와 비슷하게 몸을 스노글로브라고 상상해도 좋다. 스노글로브를 흔든 다음에는 눈송이가 가라앉는 데까지 시간과 인내심이 필요하다. 앉은 자세로 인내심 있게 바라보면서 몸이 긴장을 풀고 차분해지도록 내버려 둔다. 숨을 내쉴 때마다 몸이 부드러워지게 한다.

연습 71

내 마음 위치 인식하기

15분

단지 마음을 가만히 바라보기만 해도 마음이 일으키는 생각과 장광설에서 자연스럽게 거리를 둘 수 있다. 관찰자가 되면 자신의 생각에서 한 걸음 물러날 수 있는데, 이는 생각이 보통 제멋대로 일어난다는 사실을 알게 되기 때문이다. 따라서 생각 하나하나에 예전만큼 끌려 들어가지 않게된다. 각각의 생각, 전반적인 마음 상태, 특정 순간에 마음이 얼마나 활동적이거나 멍한지를 알아차릴 수 있다.

이 연습은 생각하는 마음을 이해하는 또 다른 방법이다. 이것은 생각이 일어날 때 마음이 어디에 있는지 속으로 메모하는 간단한 연습이다. 여기서는 생각의 내용에 초점을 맞추는 대신 전체적인 맥락에 주의를 기울인다.

단계

1   두 눈을 감고 편안하게 있을 수 있는 자세를 찾는다. 이 연습에서는 생각을 다루게 되므로 처음 5분간은 집중력을 끌어올리는 데할애하면 좋다. 몸에서 한 지점을 골라 호흡에 의식을 모은다. 마음이 방황하거든 다정한 태도로 주의를 호흡으로 되돌린다.

2   의식을 열어 마음과 사고 과정을 받아들인다. 호흡을 닻 삼아, 숨 쉬는 감각에 의식을 둔 채 생각이 일어날 때까지 기다린다. 생각이 일어나면 그 전체적인 맥락이 무엇인지 마음속으로 메모한다. 생각의 구체적인 내용에 주의를 기울이지 말고 그것이 반추인지, 문제 해결인지, 공상인지 혹은 다른 사고 패턴인지 마음속으로 메모한다.

3   자신이 생각하고 있다는 것을 인식하면 위에서처럼 마음속으로 메모하고 호흡으로 되돌아간다. 인내심 있게 호흡하면서 다른 생각이 일어나기를 기다린다. 이번에도, 생각이 일어나면 그 구체적인 내용으로 빠져들거나 거기에 사로잡히지 말고 어떤 유형인지만 마음속으로 메모한다.

4   5분쯤 연습한 후 한 가지 연습을 추가한다. 생각이 과거에 관한 것인지, 현재에 관한 것인지, 미래에 관한 것인지를 정리하는 것이다. 좋다거나 나쁘다거나 하는 딱지를 붙이는 대신 그저 마음이 어디에 (과거인지 현재인지 미래인지) 있는지 메모한다.

5   연습을 마무리하면서 생각하는 마음에 어느 정도 의식을 남겨 둔다. 일상으로 돌아가 하루를 보내면서 마음이 떠돌고 방황하면, 그것을 알아차린다. 이런 일이 벌어질 때 마음이 어디에 있는지 마음속으로 메모한다.

연습 72
친절한 태도로 생각 대하기

15분

우리는 어느 순간 마음과 마음이 일으키는 생각에 자신이 항상 친절하고 관대하게 대응하지 않는다는 사실을 알아차릴 수 있다. 자애는 전통적으로 어떤 사람(그것이 자기 자신이라도 해도)을 대할 때 적용되지만, 마음 자체에도 똑같이 적용할 수 있다. 연습하다 보면 자기 마음을 더 관용적인 태도로 대할 수 있다는 뜻이다. 그러면 생각 하나하나에 반응하느라 바빠지지 않으면서 그것들을 더 명확하게 볼 수 있다.

 단계

1   건강에도 좋고 마음챙김에도 이로울 것 같은 자세로 앉는다. 몸에 의식을 기울이면서 자세를 조정해 편안하게 한다.

2   앞의 연습에서와 마찬가지로 몇 분 동안 먼저 집중력을 끌어올린다. 호흡에 의식을 모으고 마음이 집중하도록 부드럽게 인도한다.

3   의식을 열어 생각을 받아들인다. 호흡을 닻 삼아 의식을 유지하면서 생각이 일어나거든 그저 알아차린다. 거기에 이름을 붙이거나 그 내용을 마음속으로 메모해도 되지만, 그보다는 거기에 관대하

게 대응하는 데 초점을 맞춘다. 생각이 유쾌하든 불쾌하든 중립적이든 인내심 있게 마음을 대한다.

4 생각이 일어나거든 문구를 외우면서 자애의 뜻을 마음과 생각에 전달한다. 다음의 문구를 써도 좋다.
   내가 마음을 있는 그대로 받아들이기를.
   내가 이 생각을 있는 그대로 받아들이기를.
   생각하는 마음, 관대한 마음.

5 친절한 태도로 생각에 대응하겠다는 의도를 또 다시 되새긴다. 마음이 방황하면 그저 호흡으로 돌아가고, 생각이 일어나면 주의를 기울인다. 자애가 담긴 위의 문구를 편안하게 외우면서 마음을 있는 그대로 받아들이겠다는 바람을 다시 떠올린다. 방황 그 자체를 대상으로 문구를 외워도 좋다.

6 연습을 마치면 남은 하루에 이 연습을 적용하려고 각별히 노력해 보자. 줄을 설 때나 걸을 때, 우편물을 확인할 때 잠시 멈춰서 자애가 담긴 문구를 마음과 생각에 전한다.

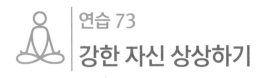 

연습 73
강한 자신 상상하기

나는 몇 년간 로스앤젤레스의 화가 체이스Chase의 거리 예술 작품으로 뒤덮인 건물 건너편에 살았다. 체이스는 자기가 그리는 여러 작품에 '당신이 누구인지 기억하라'라는 슬로건을 내거는데, 이는 온갖 사연 속에서도 자신이 누구인지 상기하게 만드는 아주 근사한 방법이다. 나는 걷다가 예술 작품으로 덮인 건물을 지나갈 때마다 그것을 신호 삼아 나를 돌아보았다. 이 연습은 자신과 깊이 연결되는 방법이다. 전통적인 마음챙김 기법은 아니지만 특히 자신이 누구인지 잊었을 때 그것을 상기하는 데 도움이 된다.

 단계

1   편안한 자세로 앉아 두 눈을 감고 코로 심호흡을 몇 차례 한다.

2   자기가 힘든 상황을 겪고 있다고 상상한다. 두려움이 느껴지거나 불안한 일이 다가오는 상황일 수도 있고, 얼마 전에 겪은 사건일 수도 있다. 그것을 떠올리면서 두려움이나 불안감이 일어나거든 이를 알아차린다. 연봉 인상을 바라거나, 사랑하는 사람과 힘든 이야기를 나눠야 하거나, 조금 염려가 되는 약속을 앞두고 있을 수도 있다.

3 　머릿속에서 그 일을 재생하기보다 자신이 가장 강한 모습일 때 어떻게 행동할지, 그 상황을 어떻게 다룰지 자문한다. 자신이 그 상황을 완벽히 친절하고 지혜롭게, 인내와 배려로 마음챙김을 적용해 처리하는 모습을 상상한다.

4 　이 상황을 마음속에서 그리면서 내면의 힘을 알아차리는 데 각별한 주의를 기울인다. 가슴을 열고 자기가 강하다고, 자신 있다고 느껴 보자. 자신에게 의심이 들기 시작하면 강한 자신으로 의식을 되돌린다. 난관에 부딪혔을 때 지혜와 연민으로 대응하겠다는 의도를 되새긴다.

5 　한 가지 경험을 여러 차례 상상하면서 계속해도 된다. 아니면 다른 상황이나 사건을 떠올린 다음 위와 같이 상상해도 된다. 내면의 힘을 계속해서 느낀다. 심호흡을 하고, 불안이나 걱정이 일어나지 않는지 살펴보는 것도 잊지 않는다.

6 　연습을 마무리할 때는 연습에서 경험한 바를 적어 보는 것이 좋다. 그렇게 하면 강한 자신을 마음에 확고하게 새기고, 자신이 고통스러운 경험을 얼마나 잘 다룰 수 있는지 아는 데 도움이 된다.

당장 난관을 헤쳐야 할 때

힘든 상황에 닥쳐 난관을 헤치고 나아가야 할 때면 자신이 어떤 사람인지 기억한다. 잠시 시간을 내어 강한 자신을 끌어낸다. 두 눈을 감고 잠깐이나마 앞에서 한 것처럼 상상하면서 마음챙김, 연민, 지혜를 불러낸다. 자신이 이 상황에 지혜롭게 대처할 능력이 있다는 것을 상기한다.

연습 74

느낌이 자리할 공간 만들기

10분

불편한 상황에서는 몸이 쉽게 굳는다. 불편한 느낌을 없애려고 애쓰다 보면 몸이 긴장한다. 단단하게 조이는 대신, 고통이 들어올 자리를 만드는 게 좋다. 관심을 담아 고통을 맞이하는 것이다. 이렇게 하면 반응하지 않으면서 그저 알아차리는 힘을 기를 수 있다. 힘든 상황이 닥칠 때마다 거기에 휩쓸리지 않으면서 그것을 알아차리고, 그것이 머무르도록 가슴을 열고, 그런 다음 앞으로 나간다.

단계

1   편안한 자세를 취한다. 이 연습을 앉아서 하거나 누워서 하면서 서로 어떻게 다른지 살펴보는 것이 좋다.

2   몇 분간 마음을 가라앉힌다. 심호흡을 하면서 숨을 내쉴 때마다 몸과 마음을 이완한다. 불편한 느낌을 무시하지 않으면서 차분함을 맞아들인다.

3   지금 겪고 있는 고통스러운 감정에 주의를 기울인다. 거기에 얽힌 이야기에 빠져들지는 않는다. 지금 몸과 마음이 어떻게 느끼

는지를 인식한다. 그것이 슬픔인지, 두려움인지, 좌절인지, 실망인지 혹은 다른 무엇인지 자문한다. 느낌의 전반적인 톤과 경험을 그저 알아차린다.

4   연민이 담긴 문구를 외우면서 감정이 들어올 자리를 마련한다. 감정을 밀어내기보다 보살피겠다는 의도를 떠올린다. 고통이나 문제에 말을 건넨다는 생각으로, 다음 문구를 외운다.
환영해.
여기 네 자리가 있어.
내가 너를 연민으로 맞이하기를.

5   5분 정도 위의 문구를 외우면서, 열린 마음으로 관심을 기울이며 그 경험을 보살피겠다는 의도를 떠올린다.

6   연습을 정리하면서 1~2분 정도 호흡으로 되돌아간다. 숨을 내쉴 때마다 몸을 이완시킨다. 어깨를 내리고, 턱에서 힘을 빼고, 복부 근육이 부드러워지게 한다.

연습 75
고치려는 욕망 내려놓기

10분

불만족스러운 것이 있을 때 우리는 자연스럽게 그것을 바로잡으려는 습관이 있다. 마음이 '고치기' 상태로 전환되는 것이다. 그 결과 순환 논법에 빠져 문제를 해결하려고 헛된 노력을 자주 한다. 반성과 목표 설정이 유용하기는 하지만 강박은 그렇지 않다. 이 연습은 이런 '고치려는 사고방식'을 다루는 방법이다. 정식 명상의 일부로 써도 좋고, 마음이 문제 해결이라는 덫에 걸려 빙글빙글 돈다는 것을 알아차릴 때 활용해도 된다.

 단계

1   최대한 똑바르게 앉아 몸과 마음이 깨어 있도록 유도한다. 심호흡을 몇 차례 하면서 몸에 에너지를 공급한다.

2   생각에 주의를 기울이기 시작한다. 지금 어떤 문제를 해결하려고 하는가? 구체적으로 알아내거나 고치고 싶은 것이 있는가? 문제를 바라보는 당신의 생각이 아니라 문제 자체가 무엇인지 알아차린다. 해결책에 집중하는 대신 문제 자체가 무엇인지 명확하게 파악하려 한다.

3   '문제'를 마음에 품은 채 그와 관련해 뭐든 불편한 느낌이 일어나

면 그것을 알아차린다. 미지의 것에 대한 두려움이나 불안, 뭔가 계획하고 싶은 욕망이 있을 수 있다. 그것이 무엇이든 문제를 부드러운 시선으로 바라본다. 자신을 비판하거나 심하게 책망하거나 당장 해결하려 달려들 필요는 없다. 그저 불편한 느낌을 인식한다.

4   문제를 의식하는 상태에서 몸과 마음에 주의를 기울인다. 몸에 긴장한 부분이 있는가? 어디인지 알아차린다. 마음이 달려들어, 그 불편한 느낌을 고치려는 욕망이 생기거든 '고치려고 하네'라고 마음속으로 메모한다.

5   그런 경험에 인내심 있게 대처하겠다는 의도를 품고, 마음챙김과 관심이 담긴 다음의 문구들을 자신에게 건네듯이 외운다.

이 문제가 보인다.

마음은 이걸 고치고 싶어 한다.

내가 이 문제와 함께 있기를.

6   연습의 마무리로 1분 동안 무엇을 할 수 있는지 자문한다. 명확한 단계별 계획을 생각해 낼 필요는 없다. 그저 가장 간단한 해결책을 떠올리면 된다. 예를 들어, 청구서 때문에 걱정된다면 돈을 좀 모아야 한다고 인식한다. 기본적인 해결책이 떠오르게 내버려 두고, 깊이 파고들지는 않는다.

이 책은 내가 해온 수련에서 비롯되었고, 그 수련은 오랜 세월 만난 수많은 사람들의 지지와 격려로 지속되었다. 다른 무엇보다도 아내에게 깊이 감사하고 싶다. 아내는 내가 이 책을 집필하는 동안 나를 아무런 조건 없이 사랑해 주었고, 날마다 나를 지지해 주었으며, 내가 더 깊이 파고들 수 있도록 끊임없이 동기를 부여해 주었다.

내가 어린 시절에 나에게 수련하라고 독려해 주고 내가 어려움을 겪을 때 지켜봐 준 모든 이들에게 고마운 마음이다. 부모님과 두 누이는 내가 나 자신을 사랑하지 못했을 때 나를 사랑해 주었다. 그들에게도 언제나 감사할 따름이다.

살면서 만난 수많은 교사들, 고맙다. 특히 리처드 버Richard Burr, 노아 레빈Noah Levine, 케빈 그리핀Kevin Griffin, 타니사로 비쿠Thanissaro Bhikkhu. 그들은 계속해서 내 수련에 힘이 되어 주었고 이 길을 걸어가도록 길을 제시해 주었다.

〈원 마인드 다르마〉의 멋진 사람들, 고맙다. 원 마인드 다르마는 내 수련에 힘을 주었고 함께 수련할 동반자가 되어 주었다. 그들은 날마다 내 가슴을 사랑으로 채워 주고 내 마음을 지혜로 채워 주었다.

마지막으로, 이 책을 집필하는 여정을 시작할 때 내 손을 잡아 준 사람들에게 깊이 감사한다. 보기Vogi는 언제 나를 다정하게 채찍질해야 하는지 잘 알뿐 아니라, 어른이 된다는 것이 무슨 뜻인지 내게 알려 주었다. 잭은 무엇보다 나를 사랑과 연민으로 대해 주었다. 그들이 아니었으면 이 책은 나오지 못했을 테고, 그들은 분명 이 책을 누구보다 먼저 읽으려고 했다.

코로나 바이러스가 한국 사회를 바꾸고 있다. 불과 일 년 사이에, 사람들이 많이 모이는 콘서트나 행사는 물론이거니와, 가벼운 친목 모임이나 식사 자리도 마음 편히 참석하기 어려운 분위기가 되었다. 잠시 라면 하나를 사러 편의점에 나가더라도 마스크를 착용해야 하고, 온 가족이 집에서 머무르는 시간이 길어지면서 전에 없던 불화도 생겨난다. 낯선 사람을 믿기가 훨씬 더 어려워지고, 불안과 두려움이 사회 전반에 스며든다. 스트레스를 해소하러 나가고 싶지만 나가는 일 자체가 스트레스다.

코로나 사태가 벌어지기 전에도 사람들은 급변하는 세상을 따라잡느라 상당한 압박을 견뎌야 했지만, 이제 그렇게 받은 스트레스를 풀 공간과 장소도 줄어들고 있다. 백신이 개발되어 사태가 잠잠해진다고 해도 사람들이 교류하고 일하는 방식은 전과 달라질 것 같다. 인공지능 개발도 앞당겨질 테고, 새로 생겨나는 직업도 있겠지만 사라지거나 줄어드는 직업도 많아질 것이다. 점점 더 혼란스러워질 것만 같은 세상 속에서 어떻게 해야 한 줌 평화를 발견하고, 스트레스를 조금이라도 덜 받고, 잠자리에 누워 발 뻗고 잘 수 있을까.

마음챙김은 쉽게 말하면 고요하게 바라보는 일이다. 그 대상은 무엇이든 될 수 있다. 산책하다가 마주친 나무 한 그루, 바람에 나뭇잎들이 흔들리며 춤추는 소리, 추운 겨울날 콧속으로 파고드는 차가운 공기와 냄새, 책에서 읽은 문구 등 그야말로 무엇이든 가능하다. 보통은 마음에서 일어나는 생각이나 감정, 시각이나 청각 등 몸으로 느껴지는 여러 가지 감각을 대상으로 삼는다.

예를 들어, 이 책에 나오는 '접촉 지점' 느끼기를 생각해 보자. 어떤 자세로 앉아 있든지 몸의 어딘가는 바닥이나 의자에 닿게 마련이다. 그 접촉 지점에서 어떤 느낌이 드는지 가만히 주의를 기울이며 살펴보는 것, 이것이 아주 간단한 마음챙김의 예다. 호흡에 주의를 기울이는 것도 마찬가지다. 이런 일에 주의를 기울이다 보면 마음이 천천히 잠잠해지고 그 감각을 느끼는 데 집중하면서 현재에 머무르게 된다. 잡생각이 점차 줄어들면서 평온함을 느낄 수도 있다.

단지 이런 간단한 일을 할 뿐인데도 평소에는 잠시도 가만히 있지 못하던 마음이 한결 차분해지고 평온해지다니. 이것만으로도 마음챙김 혹은 명상을 할 이유는 충분하지 않을까? 하루에 다만 10분, 20분이라도 마음이 쉴 수 있는 시간. 별것 아닌 듯하지만 그것만으로도 조금이나마 스트레스가 줄어든다면, 시도해 볼 만하지 않을까?

명상이 무엇인지, 마음챙김이 무엇인지 이론적으로 잘 모르더라도 얼마든지 할 수 있는 연습법이 책에 많이 수록되어 있으니, 부담 느끼지 말고 쉬워 보이는 방법부터 시도해 보면 될 것이다.

실용적인 책인 만큼, 나도 스스로 생활에서 실천하는 방법을 소개할까 한다. 하나는 걷기 명상이다. 이 책에도 걷기 명상이 나와 있지만, 내가 하는 방법은 조금 다르다. 나는 3~4초에 한 걸음씩 걷는 정도로 느리게 걷기보다는, 평소 자기 걸음보다 조금 느린 정도로 걷는다. 걷는 동안에는 발바닥이 바닥에 닿거나 떨어지는 느낌에 주의를 기울인다. 이렇게만 해도 잡념이 별로 일어나지 않는 상태에서 편안하게 걸을 수 있을 것이다. 나중에 익숙해져서 이 정도로는 부족하다고 느껴진다면 발바닥과 호흡을 동시에 의식해 보는 방법도 괜찮다. 호흡 한 번에 몇 보나 걸으면 적당한지 직접 걸으면서 시험해 보자. 세 걸음 걷는 동안 들이쉬고, 세 걸음 걷는 동안 내쉬기. 혹은 네 걸음씩 들이쉬고 내쉬기. 아니면 다섯 걸음도 좋다. 자기에게 편안하게 느껴지는 호흡으로 숫자를 헤아리면서, 동시에 발바닥의 감각을 느낀다. 이 두 가지에 의식을 집중하다 보면 아마 다른 데 정신을 팔 겨를이 없을 것이다. 그러다 보면 점점 마음이 차분해지고 느끼면서 걷는 행위만 남는다. 이렇게 마음을 조금 비우면서 일정 시간 (짧아도 20분 정도는 하는 편이 좋을 듯하다) 몸을 움직이고 나면 몸과 마음의 건강에도 좋을 뿐 아니라 숙면에도 도움이 된다.

다른 하나는 감사하기다. 감사하기라고 하면 보통은 그날 있었던 일과 관련해 어떤 사람에게 감사하는 마음을 낸다는 뜻으로 생각하는데, 그것도 물론 좋다. 그날 크고 작은 일로 누군가 당신을 도와주었다면 그 사람에게 감사하다고 마음속으로 전하는 것도 좋겠지만, 거기서 그치지 말고 더 나아가 보면 어떨까. 우리가 평소에는 의식하지 못하는 존재들, 그러나 우리가 살아가는 데 꼭 필요한 존재들에게 마음속으로 감사함을 느껴 보는 것이다. 해와 달과 별, 공기와 바람, 바다와 대지, 식물과 동물, 눈에 보이지 않는 작은 생명, 산과 바위, 우리 몸 이런 존재들에 마음속으로 고마움을 표해 본다. 처음에는 이들을 살아 있는 존재로 여기거나 그들에게 고 마음을 표한다는 개념 자체가 낯설게 다가올지 모른다. 무엇에 고마워해야 하는지 선뜻 떠오르지 않을 수도 있다. 그래도 괜찮다. 잠시 가슴속으로 자신이 이들에게 무엇을 받고 있는지, 이들이 없으면 삶이 어떻게 될지 헤아리다 보면 뭔가가 떠오를 수도 있다. 그러면 그때 감사하다고, 고맙다고 해도 된다. 날마다 이런 존재들을 떠올리면서 고마운 마음을 내다 보면 어느 순간, 감사한 마음이 북받치듯 솟아오를지도 모른다. 이렇게 해 나가다 보면 잠시나마, 조금이나마 작은 자아를 덜어내고 겸손해질 수도 있다.

적어도 나는 그렇게 느꼈다. 꽤 어려서부터 관심이 있어서 여러 명상을 접해 보고 인연이 닿아 한 분을 스승으로 받아들이고 명상에 심취한 시간도 짧지 않지만, 그 무엇보다도 나를 낮추는 데 도움이 되었던 것은 바로 감사하기가 아니었나 싶다. 겸허함이란 아직도 내게는 멀고 먼 길이지만 그래도 몇 걸음이나마 그 방향으로 내딛었다면 감사하기 덕분이었을 것이다.

이 책에 수록된 다양한 연습 방법을 천천히 읽어 나가면서, 시도해 보고 싶은 것이 있으면 편안한 마음으로 해보면 어떨까. 대신, 기대심은 내려놓고. 이것은 명상이나 마음챙김 연습에서 어쩌면 가장 중요한 부분일지도 모르겠다. 재미있게도 그럴 때, 기대하지 않을 때 오히려 뭔가를 제대로 느끼는 일이 종종 있다.

부디 이 책과 더불어 자기 몸과 마음을 고요하게 바라보면서 혼란스럽고 복잡한 생활 속에서 한 줌이나마 평화를 발견하기를 기원한다.

2021년 봄

김해온

다음은 내가 연습하면서 활용하는 것들이다. 이것들은 연습을 지속하고 지원을 받는 데 도움이 될 것이다.

도서

- Kevin Griffin, *A Burning Desire: Dharma God and the Path of Recovery*.

- Spring Washam, *A Fierce Heart: Finding Strength, Courage, and Wisdom in Any Moment*.

- 잭 콘필드Jack Kornfield, 《마음의 숲을 거닐다*A Path with Heart: A Guide through the Perils and Promises of Spiritual Life*》, 이현철 옮김(서울:한언출판사, 2006).

- Larry Rosenberg, David Guy, *Breath by Breath: The Liberating Practice of Insight Meditation*.

- 릭 핸슨Rich Hanson, 리처드 맨디우스Richard Mendius, 《붓다 브레인*Buddha's Brain*》, 장현갑·장주연 옮김(서울: 불광출판사, 2010).

- 틱낫한Thich Nhat Hanh, 《틱낫한 명상*The Miracle of Mindfulness*》, 이현주 옮김(서울: 불광출판사, 2013).

- 타라 브랙Tara Brach, 《받아들임*Radical Acceptance*》, 김선주·김정호 옮김(서울: 불광출판사, 2012).

- 샤론 샐즈버그Sharon Salzberg, 《하루 20분 나를 멈추는 시간*Real Happiness*》, 장여경 옮김(서울: 북하이브, 2011).

웹사이트

Access to Insight – www.accesstoinsight.org

Dr. Kirstin Neff – self-compassion.org

Greater Good Magazine – greatergood.berkeley.edu

Mindful – www.mindful.org

Mindful Schools – www.mindfulschools.org

Tricycle Magazine – tricycle.org

Wildmind – www.wildmind.org

모바일 앱

Calm – www.calm.com

Headspace – www.headspace.com

Insight Timer – www.insighttimer.com

MetaFi – www.metafi.me

10% Happier – www.10percenthappier.com

팟캐스트

Audio Dharma – www.audiodharma.org

Buddhist Geeks – www.buddhistgeeks.org

Dharma Seed – www.dharmaseed.org

Greater Good Science Center – greatergood.berkeley.edu/podcasts

Metta Hour – www.sharonsalzberg.com/metta-hour-podcast/

Secular Buddhist Association – secularbuddhism.org/category/podcasts

Tara Brach – www.tarabrach.com/talks-audio-video/

10% Happier – www.10percenthappier.com/podcast

명상 센터

East Bay Meditation Center – eastbaymeditation.org

Insight Meditation Center – www.insightmeditationcenter.org

Insight Meditation Community of Washington – imcw.org

Insight Meditation Society – www.dharma.org

InsightLA – insightla.org

Spirit Rock – www.spiritrock.org

Vipassana – www.dhamma.org

참고 문헌

● James Baraz, Alexander Shoshana, *Awakening Joy: 10 Steps to Happiness*(Berkeley, CA: Parallax Press, 2012).

● Bodhipaksa, "Why the Emphasis on Concentration?", *Wildmind Buddhist Meditation. February 13*, 2007. https://www.wildmind.org/mindfulness/four/concentrate

● Sylvia Boorstein, *Don't Just Do Something, Sit There: A Mindfulness Retreat with Sylvia Boorstein*(San Francisco: HarperOne, 1996).

● Tara Brach, *True Refuge: Finding Peace and Freedom in Your Own Awakened Heart*(New York: Bantam Books, 2013).

● Pema Chödrön, "The Breath of Compassion." *Awaken. November 18*, 2016. http://www.awaken.com/2016/11/the-breath-of-compassion/.

● Craig Claiborne, *The New York Times Cookbook*(New York: Harper & Row, 1961).

● Julie Corliss, "Mindfulness Meditation Helps Fight Insomnia, Improves Sleep." Havard

Health Blog. https://www.health.harvard.edu/blog/mindfulness-meditation-helps-fight-insomnia-improves-sleep-201502187726.

● Michael C. Dillbeck, "Meditation and Flexibility of Visual Perception and Verbal Problem Solving." *Memory & Cognition 10,* no. 3(May 1982): 207-15. https://doi.org/10.3758/BF03197631.

● 릭 핸슨Rich Hanson, 《붓다 브레인: 행복 사랑 지혜를 계발하는 뇌과학*Buddha's Brain: The Practical Neuroscience of Happiness, Love, and Wisdom*》(CA: New Harbinger, 2009/서울: 불광출판사, 2010).

● 릭 핸슨, 《행복 뇌 뇌 접속*Hardwiring Happiness: The New Brain Science of Contentment, Calm, and Confidence*》(New York: Harmony Books, 2013/서울:담앤북스, 2015).

● Stefan G. Hofmann, Alice T. Sawyer, Ashley A. Witt, Diana Oh, "The Effect of Mindfulness-Based Therapy on Anxiety and Depression: A Meta-Analytic Review." *Journal of Consulting and Clinical Psychology 78*, no. 2(April 2010).

● J. W. Hughes, D. M. Fresco, R. Myerscough, M. H. M. van Dulmen, L. E. Carson, R. Josephson, "Randomized Controlled Trial of Mindfulness-Based Stress Reduction for Prehypertension." *Psychosomatic Medicine 75*, no. 8(October 2013)

● Michael D. Mrazek, Michael S. Franklin, Dawa Tarchin Phillips, Benjamin Baird, Jonathan W. Schooler "Mindfulness Training Improves Working Memory Capacity and GRE Performance While Reducing Mind Wandering." *Psychological Science 24*, no. 5(May 2013).

● Henry J. M. Nouwen, *The Inner Voice of Love: A Journey through Anguish to Freedom*(New York: Doubleday, 1996).

● Grace Rattue, "Meditation Can Help Loneliness." *Medical News Today.* August 17, 2012.

https://www.medicalnewstoday.com/articles/249181.php.

● Mahasi Sayadaw, *Manual of Insight. Edited by Steve Armstrong.* Translated by

Vipassana Metta Foundation Translation Committee(MA: Wisdom Publications, 2016).

● Alan Watts, *The Essence of Alan Watts.* Millbrae, (CA: Celestial Arts, 1997).

명상 습관

날마다 조금씩, 마음을 돌보는 75가지 연습

지은이 | 매슈 소콜로프
옮긴이 | 김 해 온

이 책의 편집과 교정은 김미정, 출력·인쇄·제본은 도담프린팅 박황순이 진행해 주셨습니다.
이 책의 성공적인 발행을 위해 애써주신 다른 모든 분들께도 감사드립니다.
틔움출판의 발행인은 장인형입니다.

초판 1쇄 인쇄 2021년 5월 17일
초판 1쇄 발행 2021년 5월 24일

펴낸 곳   틔움출판
출판등록   제313-2010-141호
주소   서울특별시 마포구 월드컵북로4길 77, 353
전화   02-6409-9585
팩스   0505-508-0248
홈페이지   www.tiumbooks.com

ISBN 979-11-91528-00-8 03190

틔움은 책을 사랑하는 독자, 콘텐츠 창조자, 제작과 유통에 참여하고 있는 모든 파트너들과 함께 성장합니다.